Mastery Chart

INTRODUCTION TO THE SIDDUR

VOL. 1: THE BRAKHAH SYSTEM

by

Debi Mahrer Rowe

from material developed by Joel Lurie Grishaver

ISBN #0-933873-58-1

Torah Aura Productions
4423 Fruitland Avenue
Los Angeles, CA 90058

MANUFACTURED IN THE UNITED STATES OF AMERICA

WARM-UP

Let's begin with some practice. Read these words and phrases:

1. בָּרוּךְ   אַתָּה   יהוה

2. אֱלֹהֵינוּ   מֶלֶךְ   הָעוֹלָם

3. בָּרוּךְ אַתָּה יהוה

4. אֱלֹהֵינוּ מֶלֶךְ הָעוֹלָם

5. בָּרוּךְ יהוה   בָּרוּךְ מֶלֶךְ   בָּרוּךְ אֱלֹהֵינוּ

6. יהוה אֱלֹהֵינוּ   יהוה בָּרוּךְ   יהוה אַתָּה

7. אַתָּה יהוה   אַתָּה אֱלֹהֵינוּ   אַתָּה בָּרוּךְ

Clue: יהוה = Adonai

3

Now read these בְּרָכוֹת.

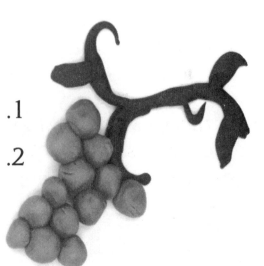

1. בָּרוּךְ אַתָּה יהוה אֱלֹהֵינוּ מֶלֶךְ הָעוֹלָם

2. בּוֹרֵא פְּרִי הַגָּפֶן.

3. בָּרוּךְ אַתָּה יהוה אֱלֹהֵינוּ מֶלֶךְ הָעוֹלָם

4. הַמּוֹצִיא לֶחֶם מִן הָאָרֶץ.

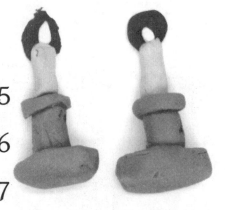

5. בָּרוּךְ אַתָּה יהוה אֱלֹהֵינוּ מֶלֶךְ הָעוֹלָם

6. אֲשֶׁר קִדְּשָׁנוּ בְּמִצְוֹתָיו

7. וְצִוָּנוּ לְהַדְלִיק נֵר שֶׁל שַׁבָּת.

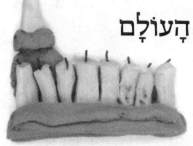

8. בָּרוּךְ אַתָּה יהוה אֱלֹהֵינוּ מֶלֶךְ הָעוֹלָם

9. אֲשֶׁר קִדְּשָׁנוּ בְּמִצְוֹתָיו

10. וְצִוָּנוּ לְהַדְלִיק נֵר שֶׁל חֲנֻכָּה.

Can you name all four בְּרָכוֹת?

CHAPTER 1
DEFINING A בְּרָכָה

A בְּרָכָה is a kind of Jewish prayer. Saying בְּרָכוֹת is one important way that Jews thank God. Saying בְּרָכוֹת is one important way that Jews remind themselves about the kind of people they want to become.

A בְּרָכָה is a prayer which begins בָּרוּךְ אַתָּה יהוה.
Sometimes we add a second phrase, אֱלֹהֵינוּ מֶלֶךְ הָעוֹלָם.
Sometimes we even add a third phrase, אֲשֶׁר קִדְּשָׁנוּ בְּמִצְוֹתָיו וְצִוָּנוּ.

THE בְּרָכָה FORMULA

Here are six בְּרָכוֹת. See if you can find the things they have in common. See if you can figure out what makes them all בְּרָכוֹת.

1. בָּרוּךְ אַתָּה יהוה אֱלֹהֵינוּ מֶלֶךְ הָעוֹלָם
   הַמּוֹצִיא לֶחֶם מִן הָאָרֶץ.

2. בָּרוּךְ אַתָּה יהוה אֱלֹהֵינוּ מֶלֶךְ הָעוֹלָם
   בּוֹרֵא פְּרִי הַגָּפֶן

3. בָּרוּךְ אַתָּה יהוה אֱלֹהֵינוּ מֶלֶךְ הָעוֹלָם
   אֲשֶׁר קִדְּשָׁנוּ בְּמִצְוֹתָיו
   וְצִוָּנוּ לְהַדְלִיק נֵר שֶׁל שַׁבָּת.

4. בָּרוּךְ אַתָּה יהוה מְקַדֵּשׁ הַשַּׁבָּת.

5. בָּרוּךְ אַתָּה יהוה הַזָּן אֶת הַכֹּל.

6. בָּרוּךְ אַתָּה יהוה אֱלֹהֵינוּ מֶלֶךְ הָעוֹלָם
   אֲשֶׁר קִדְּשָׁנוּ בְּמִצְוֹתָיו
   וְצִוָּנוּ לְהִתְעַטֵּף בַּצִּיצִת.

1. Underline the words that are shared by all of these בְּרָכוֹת.
2. Complete this definition of a בְּרָכָה:

   A בְּרָכָה is a prayer which uses the words _____.

THE ROOT [ברך]

Look at these Hebrew words:

בָּרוּךְ,

הַמְבֹרָךְ,

יִתְבָּרַךְ

Each of these words is rooted in the three letters [ברך]. Almost every Hebrew word is built around a cluster of three letters. We call this three-letter cluster a "root."

Here are four phrases from various prayers.
Circle the words built around the root [ברך].

1. בָּרְכוּ אֶת יהוה הַמְבֹרָךְ.

2. בָּרֵךְ עָלֵינוּ יהוה אֱלֹהֵינוּ אֶת הַשָּׁנָה הַזֹּאת.

3. בָּרוּךְ אַתָּה יהוה מְבָרֵךְ הַשָּׁנִים.

4. יִתְבָּרַךְ וְיִשְׁתַּבַּח, וְיִתְפָּאַר וְיִתְרוֹמַם, וְיִתְנַשֵּׂא.

THE MEANING OF בָּרוּךְ

We know that every בְּרָכָה includes the word בָּרוּךְ, meaning either "bless" or "praise." We call a בְּרָכָה a "blessing."

The Rabbis of the Talmud who wrote these בְּרָכוֹת knew that a "blessing" was a hard idea to understand. They explained it three ways: as a pool, as a bending of the knees, and as a gift.

Q: A בְּרֵכָה is a pool or well. How is saying a בְּרָכָה like jumping into a pool?

A: Just as the water of a pool can really surprise us when it is very cold, so can a בְּרָכָה shock us to attention when we say it. Just as water totally surrounds us once we've jumped in, we can be totally submerged in the words of a בְּרָכָה and its meaning.

Q. A בֶּרֶךְ is a knee. How is saying a בְּרָכָה like bending your knees and bowing?

A: We bend our knees to bow or curtsey when we meet a King or Queen to show them respect and honor. When we say a בְּרָכָה, we bend our knees to bow and show honor before God.

Q: Other rabbis thought of a בְּרָכָה as a gift from God. How is a בְּרָכָה a way of saying thank you?

A: When we receive the gifts of God's world, we say a בְּרָכָה to express sincere thanks.

You get the idea . . .now it's your turn.

Q: How is a בְּרָכָה like a spotlight?

A: _____ _

_____

Turn to page 92 in the dictionary, and write a definition of the root [ברך].

CHAPTER 2
THE PARTS OF A בְּרָכָה

Read these phrases and בְּרָכוֹת:

1. בָּרוּךְ אַתָּה   בּוֹרֵא פְּרִי הַגָּפֶן

2. הַמּוֹצִיא לֶחֶם   אֱלֹהֵינוּ מֶלֶךְ הָעוֹלָם

3. אַתָּה יהוה אֱלֹהֵינוּ   אֲשֶׁר קִדְּשָׁנוּ

4. בְּמִצְוֹתָיו וְצִוָּנוּ   בָּרוּךְ אַתָּה יהוה

5. אֱלֹהֵינוּ מֶלֶךְ הָעוֹלָם   לְהַדְלִיק נֵר שֶׁל שַׁבָּת

6. בָּרוּךְ אַתָּה יהוה אֱלֹהֵינוּ מֶלֶךְ הָעוֹלָם

7. אֲשֶׁר קִדְּשָׁנוּ בְּמִצְוֹתָיו

8. וְצִוָּנוּ לְהַדְלִיק נֵר שֶׁל חֲנֻכָּה.

9. בָּרוּךְ אַתָּה יהוה אֱלֹהֵינוּ מֶלֶךְ הָעוֹלָם

10. שֶׁעָשָׂה נִסִּים לַאֲבוֹתֵינוּ

11. בַּיָּמִים הָהֵם לַזְּמַן הַזֶּה.

12. בָּרוּךְ אַתָּה יהוה אֱלֹהֵינוּ מֶלֶךְ הָעוֹלָם

13. שֶׁהֶחֱיָנוּ וְקִיְּמָנוּ וְהִגִּיעָנוּ לַזְּמַן הַזֶּה.

Do you recognize these בְּרָכוֹת?

ENDS AND MEANS

1. Read each of these בְּרָכוֹת.
2. Underline the בְּרָכָה formula in each one.
3. Match the Hebrew בְּרָכָה with the reason it is said. (A couple of these are hard.)

a. Asking for peace.
b. Thanking God for a special moment.
c. Praising God for taking care of Abraham.
d. Lighting the Ḥanukkah lights.
e. Hearing the Shofar.
f. Reading the Megillah.

______ .1 בָּרוּךְ אַתָּה יהוה אֱלֹהֵינוּ מֶלֶךְ הָעוֹלָם
אֲשֶׁר קִדְּשָׁנוּ בְּמִצְוֹתָיו
וְצִוָּנוּ לִשְׁמֹעַ קוֹל שׁוֹפָר.

______ .2 בָּרוּךְ אַתָּה יהוה עוֹשֵׂה הַשָּׁלוֹם.

______ .3 בָּרוּךְ אַתָּה יהוה אֱלֹהֵינוּ מֶלֶךְ הָעוֹלָם
אֲשֶׁר קִדְּשָׁנוּ בְּמִצְוֹתָיו
וְצִוָּנוּ לְהַדְלִיק נֵר שֶׁל חֲנֻכָּה.

______ .4 בָּרוּךְ אַתָּה יהוה מָגֵן אַבְרָהָם.

______ .5 בָּרוּךְ אַתָּה יהוה אֱלֹהֵינוּ מֶלֶךְ הָעוֹלָם
שֶׁהֶחֱיָנוּ וְקִיְּמָנוּ וְהִגִּיעָנוּ לַזְּמַן הַזֶּה.

______ .6 בָּרוּךְ אַתָּה יהוה אֱלֹהֵינוּ מֶלֶךְ הָעוֹלָם
אֲשֶׁר קִדְּשָׁנוּ בְּמִצְוֹתָיו
וְצִוָּנוּ עַל מִקְרָא מְגִלָּה.

10

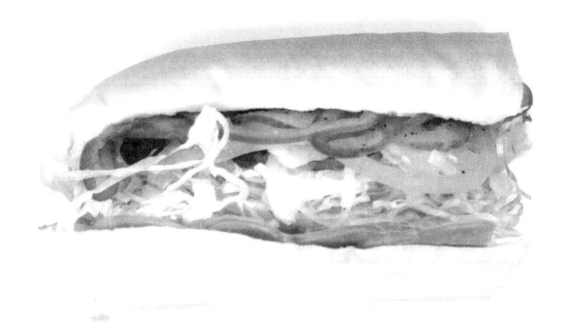

If the last exercise taught you to cheat by looking only at the last word, it taught you an important lesson. The beginning of a בְּרָכָה is always a formula; the ending is where you find the reason for saying the בְּרָכָה.

BENJAMIN THE SHEPHERD'S SANDWICH

The Talmud tells this story: Once there was a shepherd whose name was Benjamin. He made what may have been the world's first sandwich. He really enjoyed it. He also really enjoyed knowing that God had made the things which made the sandwich possible. He said as a prayer (in his everyday language, not Hebrew), "Blessed be the Maker of the sandwich." Later, the rabbis debated whether or not this was an acceptable בְּרָכָה.

Brakhot 40b

What do you think? _____

In the Talmud, the rabbis came up with these answers:

a. It is okay to say a בְּרָכָה in any language, but it is better to say it in Hebrew.

b. The feeling *(kavanah)* behind Benjamin's prayer made it the right kind of prayer, but it would be better if everyone used a fixed *(keva)* formula. Someone else hearing Benjamin's prayer might think that he was praising himself, his wife, or another human sandwich-maker.

Even though the rabbis believed *Kavanah* was important because it sets a direction for our prayers, they still wanted Jews to pray with *keva*. They thought it was important for all Jews to use the same words (while each of them added their own feelings).

In this Talmudic discussion, the rabbis decided that a kosher (Jewishly acceptable) בְּרָכָה contains three parts:

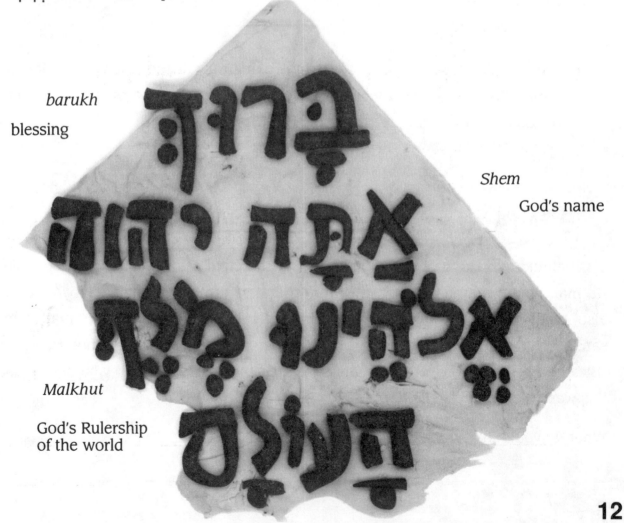

barukh

blessing

Shem

God's name

Malkhut

God's Rulership of the world

12

THE בְּרָכָה FORMULA

בָּרוּךְ

Q: Why is the בָּרוּךְ part of the formula important?

A: Because it tells us that this prayer is a response to one of the blessings (meaning gifts) which God has given us.

אַתָּה יהוה

Q: Why is the שֵׁם part of the formula important?

A: God's name, יהוה is the name which only the Jewish people know. It is our private name for God. When we use it we remember that we are talking to a God who has a long history of helping our people.

אֱלֹהֵינוּ מֶלֶךְ הָעוֹלָם

Q: Why is the מַלְכוּת part of the formula important?

A: Because, when we talk of God as the Ruler of the Cosmos, we are talking about the one God who is the God of all people. We remember that every person, regardless of religion or background, can find God in creation, and that every person must be treated justly.

בָּרוּךְ אַתָּה יהוה אֱלֹהֵינוּ מֶלֶךְ הָעוֹלָם

Q: Why do you think the rabbis who created the בְּרָכָה formula insisted that all three parts must be used?

A: _____

_____

THE ROOT [מלך]

Look at these Hebrew words:

מֶלֶךְ

מַלְכוּת

מַלְכֵּנוּ

Hint: ך = כ

Each of these words is built around the three-letter root [מלך]. Each has something to do with "ruling."

Here are five phrases from the prayerbook. Circle the words built around the root [מלך].

1. כְּבוֹד מַלְכוּתוֹ לְעוֹלָם וָעֶד

2. מִמֶּלֶךְ מַלְכֵי הַמְּלָכִים

3. יִמְלֹךְ יהוה לְעוֹלָם אֱלֹהַיִךְ צִיּוֹן לְדֹר וָדֹר. הַלְלוּיָהּ

4. בָּרוּךְ אַתָּה יהוה אֱלֹהֵינוּ מֶלֶךְ הָעוֹלָם אֲשֶׁר בִּדְבָרוֹ מַעֲרִיב עֲרָבִים

5. אֵין כֵּאלֹהֵינוּ, אֵין כַּאדוֹנֵינוּ אֵין כְּמַלְכֵּנוּ, אֵין כְּמוֹשִׁיעֵנוּ

Turn to page 92 in the dictionary and write a definition for the root [מלך].

EXTRA EXERCISE

We have learned that most Hebrew words are built around a three-letter root. Here are two lists of words. Match the words built around the same root.

אַהֲבַת	בָּרְכוּ
בָּחַר	אוֹהֵב
הַמְבֹרָךְ	מַלְכוּתְךָ
מֶלֶךְ	קֹדֶשׁ
וּמְהֻלָּל	בְּצֶדֶק
צְדָקָה	וַאֲהַלְלָה
קְדוֹשֵׁנוּ	בּוֹחֵר

CHAPTER 3
GOD'S NAME

1.

אֵל   God

אֱלֹהִים   gods

The word אֵל is the Hebrew word for God. The word אֱלֹהִים is the plural (more than one) of that word. It means "gods." Even so, Hebrew often uses the plural word אֱלֹהִים to refer to the One True God.

Discussion Question: Why do you think that the Bible often talks about the One True God with a plural word? (There is no right answer to this question.)

2.

אֱלֹהִים   God

אֲנַחְנוּ   We

אֱלֹהֵינוּ   Our God

Look at the two words below. Circle the ending which both of them share.

אֲנַחְנוּ   אֱלֹהֵינוּ

The word אֲנַחְנוּ means "we." Sometimes in Hebrew, we take the two letters נוּ and add them to the end of another word, adding the meaning "our" (coming from the "we" of אֲנַחְנוּ).

The word אֱלֹהֵינוּ means "our God." It is made up of the word אֱלֹהִים with the ending נוּ. Don't ask where the ם went—you'll learn that later in life.

Here is the first verse of a song we often sing in synagogue.
Circle each of the נוּ endings.

אֵין כֵּאלֹהֵינוּ, אֵין כַּאדוֹנֵינוּ
אֵין כְּמַלְכֵּנוּ, אֵין כְּמוֹשִׁיעֵנוּ

The ending נוּ means: ____________________

The root [מלך] means: ____________________

The word מַלְכֵּנוּ means: ____________________

Add נוּ to your dictionary.

3.

The word אֱלֹהִים is the Hebrew word which means "God." The four letters יהוה spell God's actual (Hebrew) name.

The second of the Ten Commandments orders us never to take God's name in vain and not to swear falsely with it. We often think that this means not to use God's name as a "swear word"—attaching it to phrases like "damn it."

The word "swear" really means to make a pact or promise. When two people "swore" an oath, they made a deal. "Swear words" were originally the words of that promise. If you made a deal, and swore to it, promising God that you would keep it, then breaking that promise meant that you had used God's name in vain.

Over time, "swearing" became slang for saying words you shouldn't say. It was a shortened form of "false-swearing." "Swear words" became words you shouldn't say (including misusing God's name).

Jews are very protective of God's name. Not only do we not "swear" with it without being very careful, but we are also careful about writing it down—and even more careful about saying it out loud.

Some very religious Jews won't even write the *English* word God; they spell it G-d. That way, if the paper is ever thrown out, God's name won't have been written in vain. The real care, however, is given to God's Hebrew name יהוה. Jews don't even try to pronounce this name. In Temple times, only the High Priest said the name out loud and he only did it once a year, on Yom Kippur.

Instead of pronouncing the letters יהוה, we say אֲדֹנָי, which means "my master." Most English translations use the word "Lord."

When you look for God's name in the *Siddur*, sometimes you'll find the letters יהוה, sometimes you'll find the word אֲדֹנָי, and sometimes you'll find יְיָ.

Underline God's name in each of these phrases:

Add to your dictionary definitions for the words אֵל, אֱלֹהִים, יְיָ, יהוה, and אֲדֹנָי.

1. וְאָהַבְתָּ אֵת יהוה אֱלֹהֶיךָ

2. בָּרוּךְ אֲדֹנָי יוֹם יוֹם

3. בָּרְכוּ אֶת יְיָ הַמְבֹרָךְ

4. בָּרוּךְ יְיָ הַמְבֹרָךְ לְעוֹלָם וָעֶד

5. וַיְבָרֶךְ אֱלֹהִים אֶת יוֹם הַשְּׁבִיעִי וַיְקַדֵּשׁ אֹתוֹ

6. אֵל אָדוֹן עַל כָּל הַמַּעֲשִׂים

7. אֵין כָּמוֹךָ בָאֱלֹהִים אֲדֹנָי, וְאֵין כְּמַעֲשֶׂיךָ

TRANSLATING THE בְּרָכָה FORMULA
GUESSING CAN BE AS GOOD AS KNOWING

This entire workbook is devoted to not translating. It is especially devoted to not memorizing translations. When you sit in services, memorized translation won't help you pray. And, even if you don't know what every single word means, you can still get a feel for the prayer's message. That involves some knowing and some guessing. We want you to get good at guessing. That is the real purpose of this book.

Take your best guess. Write your own English version of the בְּרָכָה Formula.

_____	בָּרוּךְ	[ברך]
_____	אַתָּה	(you)
_____	יהוה	
_____	אֱלֹהֵינוּ	אֱלֹהִים + נוּ
_____	מֶלֶךְ	[מלך]
_____	הָעוֹלָם	(The Cosmos, Universe, everything)

Add אַתָּה and עוֹלָם to your dictionary.

CHAPTER 4

WHY WE SAY A בְּרָכָה AFTER EATING

בִּרְכַּת הַמָּזוֹן is the prayer we say after eating a meal in which we've eaten bread. This **בְּרָכָה** is the only one commanded in the Torah. All the rest the Jewish people made up on their own.

1. בָּרוּךְ אַתָּה יהוה

2. הַזָּן אֶת הַכֹּל

3. בָּרוּךְ אַתָּה יהוה

4. הַזָּן אֶת הַכֹּל

5. יהוה אֱלֹהֶיךָ

6. יְיָ אֱלֹהֶיךָ

7. וְאָכַלְתָּ וְשָׂבָעְתָּ וּבֵרַכְתָּ

8. וְאָכַלְתָּ וְשָׂבָעְתָּ וּבֵרַכְתָּ

9. בָּרוּךְ וּבֵרַכְתָּ אֶת הַכֹּל

10. הַזָּן אֱלֹהֶיךָ יהוה וְשָׂבָעְתָּ

11. וְאָכַלְתָּ הַכֹּל הַזָּן וְשָׂבָעְתָּ

12. בָּרוּךְ אַתָּת יהוה הַזָּן אֶת הַכֹּל

13. וְאָכַלְתָּ וְשָׂבָעְתָּ וּבֵרַכְתָּ אֶת יהוה אֱלֹהֶיךָ

21

The Verse That Launched a Hundred בְּרָכוֹת

Jews have hundreds of בְּרָכוֹת. With these בְּרָכוֹת Jews have tried to find a way to make every significant moment a chance to express their feelings. All of these בְּרָכוֹת were written because of one verse in the Torah, Deuteronomy 8.10.

Here is that verse:

וְאָכַלְתָּ וְשָׂבָעְתָּ וּבֵרַכְתָּ אֶת יהוה אֱלֹהֶיךָ

With a little help, you are going to translate this verse.
It begins with three verbs.

(eat)	וְאָכַלְתָּ	[אכל]
(be full)	וְשָׂבָעְתָּ	[שבע]
_____	וּבֵרַכְתָּ	[ברך]

Clues: A. The letter ___ is in front of each of these verbs. It means "and."

B. The letter ___ is at the end of each of these words. This ending indicates the second person. That means "you."

Add [אכל] and [שבע] to your dictionary.

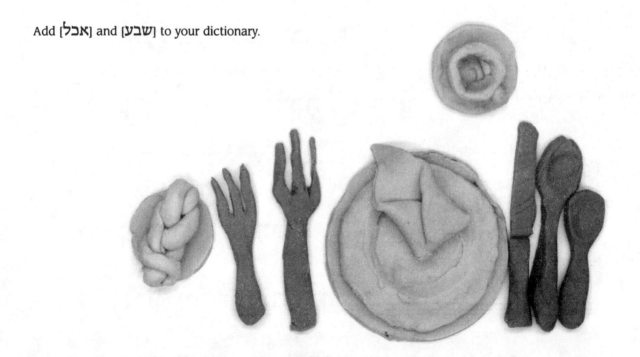

22

Translate the second and third verbs below (based on the example of the first).

וְאָכַלְתָּ And you will eat

וְשָׂבָעְתָּ ______________________________

וּבֵרַכְתָּ ______________________________

The next three words are:

אֶת (a Hebrew word which has no translation. It just holds a place.)

יהוה

אֱלֹהֶיךָ אֱלֹהִים + ךָ (an ending which means "your.")

Translate the whole sentence: וְאָכַלְתָּ וְשָׂבָעְתָּ וּבֵרַכְתָּ אֶת יהוה אֱלֹהֶיךָ.

____

____

From this verse, the Rabbis learned a rule about one time when Jews should say a בְּרָכָה. What is that rule?

____

____

Add אֶת to your dictionary.

ROOTING

This the first part of בִּרְכַּת הַמָּזוֹן. Read it out loud. Underline the words built out of the three-letter roots in the margin.

1. בָּרוּךְ אַתָּה יהוה אֱלֹהֵינוּ מֶלֶךְ הָעוֹלָם   [מלך] [ברך]

2. הַזָּן אֶת הָעוֹלָם כֻּלּוֹ בְּטוּבוֹ   [טוב] = good

3. בְּחֵן וּבְחֶסֶד וּבְרַחֲמִים   [רחם]

4. הוּא נוֹתֵן לֶחֶם לְכָל בָּשָׂר

5. כִּי לְעוֹלָם חַסְדּוֹ   [חסד]

6. וּבְטוּבוֹ הַגָּדוֹל   [גדל] [טוב]

7. תָּמִיד לֹא חָסַר־לָנוּ, וְאַל יֶחְסַר לָנוּ   [חסר]

8. מָזוֹן לְעוֹלָם וָעֶד

9. בַּעֲבוּר שְׁמוֹ הַגָּדוֹל

10. כִּי הוּא אֵל זָן וּמְפַרְנֵס לַכֹּל

11. וּמֵטִיב לַכֹּל   [טוב]

12. וּמֵכִין מָזוֹן לְכָל בְּרִיּוֹתָיו אֲשֶׁר בָּרָא

13. בָּרוּךְ אַתָּה יהוה הַזָּן אֶת הַכֹּל

While most Hebrew roots are made up of three letters, some are made up of two strong letters and a third letter which sometimes disappears. The two letters זן form a word which means "food." It is used five times in this prayer. Circle all five of those words.

Add the root [זן] and [טוב] to your dictionary.

CHAPTER 5
THE LESSON OF בִּרְכַּת הַמָּזוֹן

In the last chapter, we learned that according to the Torah, God wants us to say a
בְּרָכָה after we eat. In this exercise, we will try to figure out why.

But first, practice reading these words and בְּרָכוֹת.

1. בָּרוּךְ הַכֹּל הַזָּן יהוה מֶלֶךְ

2. אֶת אַתָּה אֱלֹהֵינוּ אֱלֹהֶיךָ הָעוֹלָם

3. הָעוֹלָם הַזָּן הַכֹּל אֱלֹהֵינוּ יהוה

4. אַתָּה בָּרוּךְ אֶת מֶלֶךְ בָּרוּךְ

5. בָּרוּךְ אַתָּה יהוה אֱלֹהֵינוּ מֶלֶךְ הָעוֹלָם

6. בָּרוּךְ אַתָּה יהוה הַזָּן אֶת הַכֹּל

In Psalm 24.1 we find this sentence:

The earth, and everything on it, belongs to Adonai; the world, and everyone who lives on it.

Q: What does this verse really teach?

A: God owns the world and everything on it, because God made it all.

Q: Based on this biblical verse, why should we say a בְּרָכָה after eating?

A: To show our thanks to God for letting us use things from God's world.

Maimonides was a famous Jewish teacher and thinker who wrote an important book on Jewish law called the **Mishneh Torah**. In it he says:

Anyone who eats any food or enjoys anything without saying a בְּרָכָה is a thief.

Explain Maimonides' idea in your own words:

_____

_____

If God created the world and lets us use part of it for our own needs, a בְּרָכָה is a way of saying thank you.

The בְּרָכָה we say after eating can also teach us a second lesson:

Q: If God lets us use part of the earth for our own needs, what can a בְּרָכָה after eating teach us about people who are hungry?

A: We should share with other people those things which God shares with us.

What two lessons does בִּרְכַּת הַמָּזוֹן teach?

Lesson 1:_____

_____

Lesson 2:_____

_____

TRANSLATING בִּרְכַּת הַמָּזוֹן

בִּרְכַּת הַמָּזוֹן is a long prayer. It has more Hebrew and harder Hebrew than most of the בְּרָכוֹת in this book. We will study it again at the end of this workbook when we have learned more Hebrew. We looked at it here because בִּרְכַּת הַמָּזוֹן is the root בְּרָכָה for all other בְּרָכוֹת. Before we leave it for now, take your best guess at translating its closing line.

בָּרוּךְ ______________

אַתָּה ______________

יהוה ______________

הַזָּן ______________

(No translation) אֶת ______________

ה = the ה + כָּל הַכֹּל ______________

The word כָּל means "all" or "every." It is used in various ways in this prayer. Turn back to page 24 to find and circle all six times it appears.

Hint: We have told you that the root [זן] means "food." In order for this בְּרָכָה to make sense in English, the word הַזָּן needs to be translated as either "The One who feeds," or as "The Feeder."

Discussion Questions:

What is the connection between the word "food" and the word "feed?"

Does English use "word roots?" Can you give examples?

Add כָּל to your dictionary.

CHAPTER 6
הַמּוֹצִיא לֶחֶם מִן הָאָרֶץ

There is no rule in the Torah which teaches us to say a בְּרָכָה before we eat a meal. But even so, the rabbis of the Talmud established הַמּוֹצִיא as the בְּרָכָה said before every meal.

They said: If it is important to say a בְּרָכָה after eating when we are no longer hungry or in need of anything, then it is even more important to say a בְּרָכָה *before* we eat, when we *are* hungry and in need of food.

Practice these בְּרָכָה parts:

1. לֶחֶם   הָאָרֶץ   הַזָּן   הַכֹּל   בָּרוּךְ

2. הַמּוֹצִיא   הַזָּן   אֶת   הָאָרֶץ   אֱלֹהֵינוּ

3. מִן   לֶחֶם   הָאָרֶץ   הַכֹּל   הַזָּן

4. בָּרוּךְ אַתָּה יהוה הַזָּן אֶת הַכֹּל.

5. בָּרוּךְ אַתָּה יהוה אֱלֹהֵינוּ מֶלֶךְ הָעוֹלָם

6. הַמּוֹצִיא לֶחֶם מִן הָאָרֶץ.

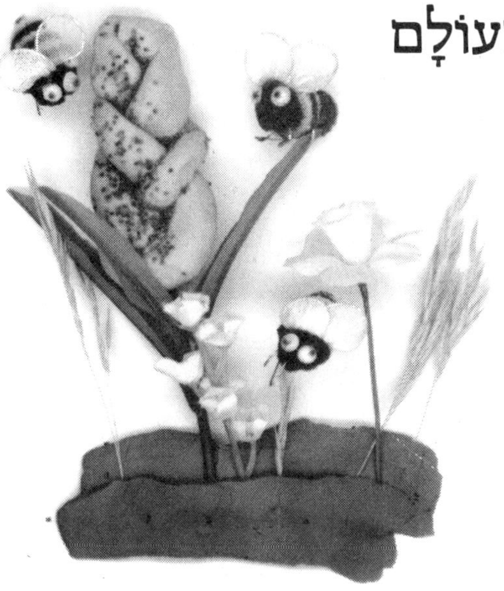

TRANSLATING הַמּוֹצִיא

Use the following clues to work out your translation of הַמּוֹצִיא.

____________________	בָּרוּךְ	[ברך]
____________________	אַתָּה	
____________________	יהוה	
____________________	אֱלֹהֵינוּ	
____________________	מֶלֶךְ	
____________________	הָעוֹלָם	
____________________	הַמּוֹצִיא	[יצא]=(go out)
____________________	לֶחֶם	(bread)
____________________	מִן	(from)
____________________	הָאָרֶץ	(land) + ה*

Add the words אֶרֶץ, לֶחֶם and [יצא] to your dictionary.

Turn the page to meet the prefix "ה."

THE PREFIX ה

A "prefix" is something you "fix" on to the beginning of a word to change or add to its meaning. (A "suffix" is something you fix onto the end of a word to do the same thing). Un–, dis–, de–, in–, and re– are popular English prefixes.

This page is devoted to the Hebrew prefix ה. When attached at the beginning of a word, the ה usually means "the," (or in fancy grammar talk, the definite article). You have to be careful, however, because ה does have some other meanings. It can be:

- (a) one of the root letters,
- (b) a prefix which changes the form of a verb, and
- (c) in special cases and only in the Bible—a way of asking a question.

Usually, however, a ה with either of these vowels ַ ָ , at the beginning of a word, is a prefix meaning "the." When you have a bigger Hebrew vocabulary, it will be easier to tell the difference.

Circle every ה which means "the" in this בְּרָכָה. Also, circle every ו which means "and."

1. בָּרוּךְ אַתָּה יהוה אֱלֹהֵינוּ מֶלֶךְ הָעוֹלָם.

2. הַזָּן אֶת הָעוֹלָם כֻּלּוֹ בְּטוּבוֹ בְּחֵן בְּחֶסֶד וּבְרַחֲמִים.

3. הוּא נוֹתֵן לֶחֶם לְכָל בָּשָׂר כִּי לְעוֹלָם חַסְדּוֹ.

4. וּבְטוּבוֹ הַגָּדוֹל תָּמִיד לֹא חָסַר לָנוּ וְאַל יֶחְסַר לָנוּ מָזוֹן

5. לְעוֹלָם וָעֶד בַּעֲבוּר שְׁמוֹ הַגָּדוֹל

6. כִּי הוּא אֵל זָן וּמְפַרְנֵס לַכֹּל וּמֵטִיב לַכֹּל,

7. וּמֵכִין מָזוֹן לְכָל בְּרִיּוֹתָיו אֲשֶׁר בָּרָא.

8. בָּרוּךְ אַתָּה יהוה הַזָּן אֶת הַכֹּל

31

P.S. 1. Can you name this בְּרָכָה? _____

2. When is it supposed to be said? _____

A PLACE
MADE HOLY

Read this story. It will help you
understand הַמּוֹצִיא.

King Solomon was looking for the right spot to build the Holy Temple. No place seemed just right. One midnight a stranger appeared in the court and offered to show the king the perfect place for God's Temple. King Solomon followed him out into the night. After a good deal of walking, they came to a field. The man told the king to be very quiet. As they watched, a man went to a stack of grain on one side of the field, and moved a number of the sheaves to a pile on the other side. A few minutes later, a second man appeared and made a number of trips bringing stacks of sheaves back from the second pile to the first. The king was confused, and when he turned to the stranger to ask him a question, the stranger had disappeared.

The next day the king returned to the field. He saw a man working on one side of the field. The king asked the man, "Last night I was walking through this field and thought I saw you carrying bundles across the field. Isn't the middle of the night a strange time to work?"

The man answered, "I live alone and I share this field with my brother. He has a wife and a large family. I don't need half the grain—I have only one mouth to feed. So I help him secretly."

The king walked to the other side of the field and saw the second man working with a few of his children. The king asked him the same question. The brother answered, "My brother lives alone and must do all the work by himself. I have my whole family to help me get my work done—so at night I secretly help my brother."

At that moment King Solomon knew that this would be the perfect place to build God's Temple.

1. Why was the field the right place to build the Temple?_____

_____

2. What can this story teach us about הַמּוֹצִיא?_____

_____

CHAPTER 7
THE הַמּוֹצִיא FOOD CHAIN

The words of הַמּוֹצִיא are not those we would expect in the בְּרָכָה over bread. The problem is the title word, הַמּוֹצִיא. Most food בְּרָכוֹת thank God for creating things. This one thanks God for making the earth "put out" bread.

We all know that bread doesn't grow in the ground. The earth doesn't "put out bread." Grain grows, and people make bread. This special bread בְּרָכָה thanks God for something which people make with the raw products supplied by God and raised by human effort.

In science we talk about a food chain. It is a chain of who eats what (and whom).

Think of it like this.

Grass grows.
Aphids eat the grass sap.
Ladybird beetles eat the aphids.
Ground beetles eat the ladybird beetles.
Grasshopper sparrows eat the ground beetles.
Marsh hawks eat the grasshopper sparrows.
Hawks die and their bodies nourish the soil.

Create a Jewish הַמּוֹצִיא chain. Make it a chain that shows who helps to feed whom.

God creates grain, soil, sun and rain, etc.

Farmers plant the grain.

____

____

____

____

People thank God.

Draw a picture of your הַמּוֹצִיא chain.

Do you remember that בִּרְכַּת הַמָּזוֹן taught us two lessons? We learned:

1. To thank God for letting us use things from God's world
2. We should share with other people those things which God shares with us.

הַמּוֹצִיא also teaches us two lessons. Like every other בְּרָכָה, it thanks God. It also teaches us something about our relationship with other people. What is your version of these two lessons?

Lesson 1: ____

Lesson 2: ____

EXTRA EXERCISE

Here are six Hebrew phrases. One word in each phrase is printed in larger type. All of these larger words have the same root. Read the phrases, compare the larger words, and then write down the three letters of this root.

1. בָּרוּךְ אַתָּה יהוה אֱלֹהֵינוּ מֶלֶךְ הָעוֹלָם הַמּוֹצִיא
   לֶחֶם מִן הָאָרֶץ.

2. אִלּוּ הוֹצִיאָנוּ מִמִּצְרַיִם דַּיֵּנוּ.

3. זֵכֶר לִיצִיאַת מִצְרָיִם.

4. הִנֵּה עַם יָצָא מִמִּצְרַיִם

5. בְּצֵאת יִשְׂרָאֵל מִמִּצְרַיִם בֵּית יַעֲקֹב מֵעַם לֹעֵז.

6. הֲלֹא יהוה יָצָא לְפָנֶיךָ.

1. The three root letters are _____.

2. **Grammar Rule:** When _____ is the first letter of a root, it sometimes becomes the letter _____ and sometimes _____.

3. The name of the בְּרָכָה over bread is_____

4. This name comes from _____

_____

5. According to my teacher the root [יצא] means:

_____

_____

CHAPTER 8

בְּרָכוֹת WITH בּוֹרֵא פְּרִי

The Rabbis specified different בְּרָכוֹת for each kind of food we eat. Their decisions were very precise. Because these בְּרָכוֹת were so exact, saying the בְּרָכוֹת helps us really see nature clearly. We learn to pay attention to the endless variety of the world God has created.

RECITATION

1. בּוֹרֵא הַזָּן מִן הַגָּפֶן פְּרִי
2. אַתָּה הָעוֹלָם הַכֹּל הָאֲדָמָה מִינֵי
3. אֱלֹהֵינוּ הָאָרֶץ מִינֵי הָעֵץ מְזוֹנוֹת
4. הָעֵץ לֶחֶם הָאֲדָמָה מְזוֹנוֹת בּוֹרֵא
5. הַזָּן אֶת הַכֹּל   מֶלֶךְ הָעוֹלָם   בּוֹרֵא פְּרִי הַגָּפֶן
6. בָּרוּךְ אַתָּה   הַמּוֹצִיא לֶחֶם   הַזָּן אֶת הַכֹּל
7. בּוֹרֵא מִינֵי מְזוֹנוֹת   יהוה אֱלֹהֵינוּ   מִן הָאָרֶץ
8. בּוֹרֵא פְּרִי הָעֵץ   בָּרוּךְ אַתָּה   בּוֹרֵא מִינֵי מְזוֹנוֹת
9. מֶלֶךְ הָעוֹלָם   בּוֹרֵא פְּרִי הַגָּפֶן   פְּרִי הָעֵץ

10. בָּרוּךְ אַתָּה יהוה אֱלֹהֵינוּ מֶלֶךְ הָעוֹלָם הַמּוֹצִיא לֶחֶם מִן הָאָרֶץ.

11. בָּרוּךְ אַתָּה יהוה אֱלֹהֵינוּ מֶלֶךְ הָעוֹלָם בּוֹרֵא פְּרִי הָעֵץ.

12. בָּרוּךְ אַתָּה יהוה אֱלֹהֵינוּ מֶלֶךְ הָעוֹלָם בּוֹרֵא פְּרִי הַגָּפֶן.

13. בָּרוּךְ אַתָּה יהוה אֱלֹהֵינוּ מֶלֶךְ הָעוֹלָם בּוֹרֵא פְּרִי הָאֲדָמָה.

14. בָּרוּךְ אַתָּה יהוה אֱלֹהֵינוּ מֶלֶךְ הָעוֹלָם בּוֹרֵא מִינֵי מְזוֹנוֹת.

THE ROOT [קדש]

The root [קדש] means "holy." Holy means "separate, special or different."

Underline the words built around the root [קדש].

1. קָדוֹשׁ, קָדוֹשׁ, קָדוֹשׁ יהוה צְבָאוֹת

2. אֲשֶׁר קִדְּשָׁנוּ בְּמִצְוֹתָיו

3. אַתָּה קָדוֹשׁ וְשִׁמְךָ קָדוֹשׁ, וּקְדוֹשִׁים בְּכָל יוֹם יְהַלְלוּךָ סֶּלָה

4. בָּרוּךְ אַתָּה יהוה הָאֵל הַקָּדוֹשׁ

5. נְקַדֵּשׁ אֶת שִׁמְךָ בָּעוֹלָם כְּשֵׁם שֶׁמַּקְדִּישִׁים אוֹתוֹ

Add [קדש] to your dictionary.

WINE AND קִדּוּשׁ

This one line בְּרָכָה is called בִּרְכַּת יַיִן, The Blessing over Wine.

1. בָּרוּךְ אַתָּה יהוה אֱלֹהֵינוּ מֶלֶךְ הָעוֹלָם בּוֹרֵא פְּרִי הַגָּפֶן.

The paragraphs below are the Friday night קִדּוּשׁ.

2. בָּרוּךְ אַתָּה יהוה אֱלֹהֵינוּ מֶלֶךְ הָעוֹלָם
3. אֲשֶׁר קִדְּשָׁנוּ בְּמִצְוֹתָיו וְרָצָה בָנוּ
4. וְשַׁבַּת קָדְשׁוֹ בְּאַהֲבָה וּבְרָצוֹן הִנְחִילָנוּ
5. זִכָּרוֹן לְמַעֲשֵׂה בְרֵאשִׁית.
6. כִּי הוּא יוֹם תְּחִלָּה לְמִקְרָאֵי קֹדֶשׁ
7. זֵכֶר לִיצִיאַת מִצְרָיִם
8. כִּי בָנוּ בָחַרְתָּ וְאוֹתָנוּ קִדַּשְׁתָּ מִכָּל הָעַמִּים
9. וְשַׁבַּת קָדְשְׁךָ בְּאַהֲבָה וּבְרָצוֹן הִנְחַלְתָּנוּ
10. בָּרוּךְ אַתָּה יהוה מְקַדֵּשׁ הַשַּׁבָּת.

1. Circle the root [קדשׁ] in the בְּרָכָה over wine.
2. Circle the root [קדשׁ] in the Friday night קִדּוּשׁ.

Why is it incorrect to call the one-line בְּרָכָה the קִדּוּשׁ? ____________________

____

For Discussion: What is the connection between the Wine בְּרָכָה and the Friday night קִדּוּשׁ?

TRANSLATING בְּרָכוֹת WITH [ברא]

These are the words you will need to create a working translation of these בְּרָכוֹת:

[ברך] = _____   [זן] = _____

אַתָּה = _____   פְּרִי = fruit (of)

יהוה = _____   גֶּפֶן = vine

אֱלֹהֵינוּ = _____   עֵץ = tree

[מלך] = _____   אֲדָמָה = ground

עוֹלָם = _____   מִינֵי = kinds of

ה = _____   [ברא] = _____

Take your best shot, and work out your best guess at a translation of these four בְּרָכוֹת.
The בְּרָכָה for fruits of the vine:

בָּרוּךְ אַתָּה יהוה אֱלֹהֵינוּ מֶלֶךְ הָעוֹלָם בּוֹרֵא פְּרִי הַגָּפֶן.

_____

The בְּרָכָה for fruits of the tree:

בָּרוּךְ אַתָּה יהוה אֱלֹהֵינוּ מֶלֶךְ הָעוֹלָם בּוֹרֵא פְּרִי הָעֵץ.

_____

The בְּרָכָה for fruits of the earth:

בָּרוּךְ אַתָּה יהוה אֱלֹהֵינוּ מֶלֶךְ הָעוֹלָם בּוֹרֵא פְּרִי הָאֲדָמָה.

_____

The בְּרָכָה for all kinds of food:

בָּרוּךְ אַתָּה יהוה אֱלֹהֵינוּ מֶלֶךְ הָעוֹלָם בּוֹרֵא מִינֵי מְזוֹנוֹת.

_____

Add אֲדָמָה, פְּרִי, עֵץ, גֶּפֶן, [ברא], to your dictionary.

THE ROOT [ברא]

The root [ברא] means _____

It is a root which appears in lots of בְּרָכוֹת and prayers. Circle the words built around the root [ברא].

1. בְּרֵאשִׁית בָּרָא אֱלֹהִים אֵת הַשָּׁמַיִם וְאֵת הָאָרֶץ.

2. בָּרוּךְ אַתָּה יהוה אֱלֹהֵינוּ מֶלֶךְ הָעוֹלָם
יוֹצֵר אוֹר וּבוֹרֵא חֹשֶׁךְ עֹשֶׂה שָׁלוֹם, וּבוֹרֵא אֶת הַכֹּל.

3. בּוֹרֵא יוֹם וָלָיְלָה גּוֹלֵל אוֹר מִפְּנֵי חֹשֶׁךְ וְחֹשֶׁךְ מִפְּנֵי אוֹר.

4. בָּרוּךְ אַתָּה יהוה אֱלֹהֵינוּ מֶלֶךְ הָעוֹלָם
בּוֹרֵא מִינֵי בְשָׂמִים.

TRANSLATING שֶׁהַכֹּל

The rabbis wrote one more food בְּרָכָה:

בָּרוּךְ אַתָּה יהוה אֱלֹהֵינוּ מֶלֶךְ הָעוֹלָם שֶׁהַכֹּל נִהְיֶה בִּדְבָרוֹ.

This בְּרָכָה was designed to be used when you didn't eat bread, or when you didn't know exactly what you were eating, or when the food you were eating didn't fall into any other category. This בְּרָכָה is named after its most importand word: שֶׁהַכֹּל.

With a little help, you are going to make your own best guess at a translation for this בְּרָכָה.

שֶׁהַכֹּל
1. We already know the word כֹּל. We met it when we looked at בִּרְכַּת הַמָּזוֹן. It means_____.
The prefix ה means _____. The prefix שׁ is new to us. It means: "that."

נִהְיֶה
2. This word is built around a new root הוה. This is the root which means "to be." That means verb forms like "is, was, will be, etc." In most languages (including Hebrew and English) "to be" is a difficult verb. In this case, the word means "will be."

בִּדְבָרוֹ
3. This word is also built around a new root: דבר. It means "word," "speak," or "thing."
ב is a new prefix. It usually means "in."

וֹ is a new suffix. It means "his." Here, it refers to God.

Write your own translation of this בְּרָכָה.

בָּרוּךְ אַתָּה יהוה אֱלֹהֵינוּ מֶלֶךְ הָעוֹלָם שֶׁהַכֹּל נִהְיֶה בִּדְבָרוֹ

_____

_____

Add the roots [דבר] and [הוה] to your dictionary. Also add the prefixes ב and שׁ as well as the suffix וֹ.

The rabbis taught us in Mishnah Brakhot 6.2:

If a person says בּוֹרֵא פְּרִי הָאֲדָמָה
for fruits growing on a tree, the מִצְוָה has been fulfilled.

But if one says בּוֹרֵא פְּרִי הָעֵץ
for fruits and vegetables growing in the ground,
the מִצְוָה has not been fulfilled.

In any case, if the person says שֶׁהַכֹּל נִהְיֶה בִּדְבָרוֹ,
the מִצְוָה has been fulfilled.

Q: Why is it okay to say בּוֹרֵא פְּרִי הָאֲדָמָה over a pear?
A: Because the tree on which the pear grows also grows in the ground.

Q: What is the problem about saying בּוֹרֵא פְּרִי הָעֵץ over a carrot?
A: The carrot grows in the ground, and not on a tree.

Q: Why do you think that the rabbis want בְּרָכוֹת to be used precisely?

CHOOSING THE RIGHT בְּרָכָה

Now is the time to test your understanding of food בְּרָכוֹת. What בְּרָכָה would you say before eating each of the following?

_____Hamburger, fries and a cola

_____Four brownies

_____A baked potato

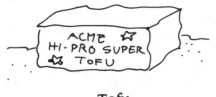

_____Tofu

_____Barbecued chicken wings with apricot dip

_____Two eggs over easy, hash browns, and toast

_____Sliced carrots and celery with a dill-yogurt dip

_____Pizza with black olives, onions and garlic

_____Minestrone soup with crackers

1. בָּרוּךְ אַתָּה יהוה אֱלֹהֵינוּ מֶלֶךְ הָעוֹלָם הַמּוֹצִיא לֶחֶם מִן הָאָרֶץ.

2. בָּרוּךְ אַתָּה יהוה אֱלֹהֵינוּ מֶלֶךְ הָעוֹלָם בּוֹרֵא מִינֵי מְזוֹנוֹת.

3. בָּרוּךְ אַתָּה יהוה אֱלֹהֵינוּ מֶלֶךְ הָעוֹלָם בּוֹרֵא פְּרִי הַגָּפֶן.

4. בָּרוּךְ אַתָּה יהוה אֱלֹהֵינוּ מֶלֶךְ הָעוֹלָם בּוֹרֵא פְּרִי הָעֵץ.

5. בָּרוּךְ אַתָּה יהוה אֱלֹהֵינוּ מֶלֶךְ הָעוֹלָם בּוֹרֵא פְּרִי הָאֲדָמָה.

6. בָּרוּךְ אַתָּה יהוה אֱלֹהֵינוּ מֶלֶךְ הָעוֹלָם שֶׁהַכֹּל נִהְיָה בִּדְבָרוֹ.

_____Fresh raspberries

_____Turkey with dressing, peas, mashed potatoes and hot rolls

_____Stewed tomatoes

_____Orange juice

_____Sparkling grape juice

CLUE: In a book of Jewish law called the *Shulhan Arukh* we find this rule. It may help you.

When a person eats several different kinds of foods, each of which should have a different בְּרָכָה, (only one בְּרָכָה need be said) then the most important food determines which בְּרָכָה is said.

45

CHAPTER 10
שֶׁהֶחֱיָנוּ

A Question: What do the following have in common: lighting one candle on the H̱anukkiah; having a thirteenth birthday; eating the first peach of the year; going to seder; hearing really good news; or seeing a friend for the first time in thirty days?

Answer: They are all times when we can say the שֶׁהֶחֱיָנוּ.

The שֶׁהֶחֱיָנוּ is a בְּרָכָה over time. It is said at special moments and for special experiences. It is a way of saying, "I am really glad that I am alive and able to have this happen to me. Thanks, God."

SOME PRACTICE

1. שֶׁהֶחֱיָנוּ וְקִיְּמָנוּ וְהִגִּיעָנוּ לַזְּמַן
2. וְקִיְּמָנוּ שֶׁהֶחֱיָנוּ לַזְּמַן וְהִגִּיעָנוּ
3. הַזֶּה שֶׁהֶחֱיָנוּ וְקִיְּמָנוּ וְהִגִּיעָנוּ
4. שֶׁהֶחֱיָנוּ וְקִיְּמָנוּ וְהִגִּיעָנוּ לַזְּמַן הַזֶּה

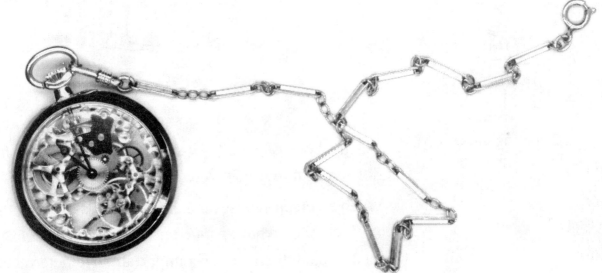

SOME MORE PRACTICE

1. בָּרוּךְ אַתָּה יהוה אֱלֹהֵינוּ מֶלֶךְ הָעוֹלָם
שֶׁהֶחֱיָנוּ וְקִיְּמָנוּ וְהִגִּיעָנוּ לַזְּמַן הַזֶּה.

2. בָּרוּךְ אַתָּה יהוה אֱלֹהֵינוּ מֶלֶךְ הָעוֹלָם
הַמּוֹצִיא לֶחֶם מִן הָאָרֶץ.

3. בָּרוּךְ אַתָּה יהוה אֱלֹהֵינוּ מֶלֶךְ הָעוֹלָם
בּוֹרֵא פְּרִי הָעֵץ.

4. בָּרוּךְ אַתָּה יהוה אֱלֹהֵינוּ מֶלֶךְ הָעוֹלָם
בּוֹרֵא פְּרִי הַגָּפֶן.

5. בָּרוּךְ אַתָּה יהוה אֱלֹהֵינוּ מֶלֶךְ הָעוֹלָם
בּוֹרֵא פְּרִי הָאֲדָמָה.

6. בָּרוּךְ אַתָּה יהוה אֱלֹהֵינוּ מֶלֶךְ הָעוֹלָם
בּוֹרֵא מִינֵי מְזוֹנוֹת.

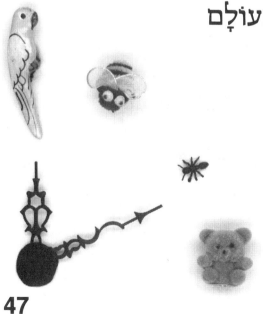

47

THREE NEW ROOTS

With a little help, you are going to find the roots around which these three verbs are built.

a. The two letters נוּ form a suffix which means ______________ . Circle this prefix.
b. The letter שׁ is a prefix which means ______________ . Circle this prefix.
c. The letter ו is a prefix which means ______________ . Circle this prefix.
d. Fill in the roots

שֶׁהֶחֱיָנוּ [____ ____]

וְקִיְּמָנוּ [____ ____ ____]

וְהִגִּיעָנוּ [____ ____ ____]

Here are six phrases. Each one contains at least one word built from one of the same roots as our three verbs. Read them and then underline those words.

1. וְאַהֲבַת חֶסֶד וּצְדָקָה וּבְרָכָה וְרַחֲמִים , וְחַיִּים וְשָׁלוֹם.

2. אֵל חַי וְקַיָּם תָּמִיד יִמְלוֹךְ עָלֵינוּ לְעוֹלָם.

3. מְחַיֵּה הַכֹּל בְּרַחֲמִים רַבִּים.*

4. כִּי נָגַע עַד לִבֵּךְ

5. כִּי נָגַע אֶל הַשָּׁמַיִם מִשְׁפָּטָהּ.

6. אֱמֶת וֶאֱמוּנָה כָּל זֹאת וְקַיָּם עָלֵינוּ.

*מְחַיֵּה מֵתִים בְּרַחֲמִים רַבִּים.

TRANSLATING שֶׁהֶחֱיָנוּ

This בְּרָכָה is called שֶׁהֶחֱיָנוּ. Its name comes from ______________________

Using these clues, work out your own best translation of this prayer.

[קים]	=	keep going	ל	=	to (a prefix)
[חי]	=	life	זְמַן	=	time
[נגע]	=	touch/reach	זֶה	=	this

______________________ בָּרוּךְ אַתָּה

______________________ יהוה אֱלֹהֵינוּ

______________________ מֶלֶךְ הָעוֹלָם

The one who gives us ______________ שֶׁהֶחֱיָנוּ

and ______________ us ______________, וְקִיְּמָנוּ

and helps us ______________ וְהִגִּיעָנוּ

______________________ לַזְּמַן הַזֶּה

Add [חי], [קים], [נגע] זְמַן and זֶה to your dictionary.

שֶׁהֶחֱיָנוּ RULES

This is the way Maimonides explains the שֶׁהֶחֱיָנוּ in the **Mishneh Torah** 10.2.

When a person has erected a new house or bought new things, whether or not he or she has already owned similar things, she or he says: שֶׁהֶחֱיָנוּ וְקִיְּמָנוּ וְהִגִּיעָנוּ לַזְּמַן הַזֶּה.

The **Shulḥan Arukh** is another collection of Jewish laws. It was written by Joseph Caro around 1550. This is almost 400 years after the **Mishneh Torah**. Here are some of the rules found there about the שֶׁהֶחֱיָנוּ.

50.1   If a person hears good news, or if one experiences a good thing in person, that person should say the שֶׁהֶחֱיָנוּ if he or she is rewarded by the experience.

50.14   If one eats a fruit for the first time (in that year) one says the שֶׁהֶחֱיָנוּ.

Questions:

The שֶׁהֶחֱיָנוּ is said at all of these times and more. It is also said on most Jewish holidays as part of the קִדּוּשׁ or as part of candle lighting. It is also said when some other מִצְוֹת are done for the first time in a given year or in one's lifetime.

All of the other בְּרָכוֹת we have studied were said over a particular food or experience. Over what is the שֶׁהֶחֱיָנוּ said?

I think the שֶׁהֶחֱיָנוּ is the בְּרָכָה said over _____

_____ .

WHEN TO SAY שֶׁהֶחֱיָנוּ

Based on what we have learned so far, over which of these things should שֶׁהֶחֱיָנוּ be said?

The first peach of the year

Buying a new house

The kiddush at a Pesah̲ Seder

Lighting H̲anukkah lights on the second night

Getting a new bicycle

What בְּרָכָה would you say over a new set of clothes?

THE ANSWER TO PAGE 51

If your answer was שֶׁהֶחֱיָנוּ you were wrong—even though it was a good guess. However, the rabbis fooled us. When we look into the **Shulhan Arukh**, we find a surprise.

59.8 When one puts on a new garment for the first time one says this בְּרָכָה:

בָּרוּךְ אַתָּה יהוה אֱלֹהֵינוּ מֶלֶךְ הָעוֹלָם
מַלְבִּישׁ עֲרֻמִּים

Write your own best guess at a translation of this בְּרָכָה

____

____

[לבש] = Dress
[ערם] = Naked

A MIDRASH

Read this Midrash. A Midrash is an explanation of an idea found in the Torah.

The Torah begins and ends with acts of גְּמִילוּת חֲסָדִים
It begins with God providing clothes for the naked—helping Eve and Adam.
It ends with God doing a kindness for Moses—caring for his dead body and burying him.

Questions:

Q: Why was clothing Adam and Eve an act of גְּמִילוּת חֲסָדִים?

A: They were embarrassed without clothes. Giving them clothes was God's way of making them feel better.

Q: Why was caring for Moses and burying him an act of גְּמִילוּת חֲסָדִים?

A: When we care for the dead, it is a way of honoring the person who has died. It is a particularly special act because the person cannot do anything for us in return.

Q: What do we learn from the fact that acts of גְּמִילוּת חֲסָדִים are at the beginning and end of the Torah?

A: _____

Q: How does the בְּרָכָה for new clothes remind us of this Midrash?

A: Because, like Adam and Eve, we are naked, so God provides resources with which we can make clothes to buy.

Q: How is this like the הַמּוֹצִיא Food Chain?

A: _____

Q: What lesson does this בְּרָכָה teach about our responsibilities to other people?

53 A: _____

CHAPTER 11
NOAH AND THE RAINBOW

Near the beginning of this book, we met Maimonides (who is also known as the Rambam). He taught us:

> Anyone who eats any food or enjoys anything without saying a בְּרָכָה is a thief.

So far, we have seen this idea at work with food. We know that there are בְּרָכוֹת to say before and after eating. There are also בְּרָכוֹת to be said when smelling beautiful smells and seeing wonderful sights—and for some other experiences, too.

קֶשֶׁת is the Hebrew word for rainbow. It actually means "bow" (as in bow and arrow). A rainbow is a beautiful sight. The rabbis thought that seeing a rainbow deserved a בְּרָכָה. Write your own (original) בְּרָכָה to be said when you see a rainbow.

(Don't worry, you can write your part in English.)

בָּרוּךְ אַתָּה יהוה אֱלֹהֵינוּ מֶלֶךְ הָעוֹלָם

_____

_____

LOOK MA—NO VOWELS!

Now for something completely different. Here is a piece of the Torah. It is the last paragraph in the Noah story. Yes, I know that you can't read without vowels, but you can scan words for letters—sort of reading.

The word אֶרֶץ means ________________. It appears 7 times in this paragraph. Underline all seven.

The word בְּרִית means "a covenant." According to my teacher, a בְּרִית is a ________________. The word בְּרִית also appears seven times in this paragraph. Circle all seven.

ויאמר
אלהים אל נח ואל בניו אתו לאמר ואני הנני
מקים את בריתי אתכם ואת זרעכם אחריכם ואת
כל נפש החיה אשר אתכם בעוף בבהמה ובכל
חית הארץ אתכם מכל יצאי התבה לכל חית
הארץ והקמתי את בריתי אתכם ולא יכרת כל
בשר עוד ממי המבול ולא יהיה עוד מבול לשחת
הארץ ויאמר אלהים זאת אות הברית אשר אני
נתן ביני וביניכם ובין כל נפש חיה אשר אתכם
לדרת עולם את קשתי נתתי בענן והיתה לאות
ברית ביני ובין הארץ והיה בענני ענן על הארץ
ונראתה הקשת בענן וזכרתי את בריתי אשר ביני
וביניכם ובין כל נפש חיה בכל בשר ולא יהיה עוד
המים למבול לשחת כל בשר והיתה הקשת בענן
וראיתיה לזכר ברית עולם בין אלהים ובין כל
נפש חיה בכל בשר אשר על הארץ ויאמר
אלהים אל נח זאת אות הברית אשר הקמתי ביני
ובין כל בשר אשר על הארץ

Add בְּרִית to your dictionary.

TRANSLATING THE RAINBOW בְּרָכָה

This is the בְּרָכָה the rabbis actually wrote to be said upon seeing a rainbow. You already know most of the words (in some form). You only need help with three new words.

[אמר] = Say

[זכר] = Remember

[אמן] = Faith. Yes, the word אָמֵן comes from this root. It means: "I have faith," or "I believe that," or "That's the truth," etc.

Now work out your own best possible translation of this בְּרָכָה.

______________________ בָּרוּךְ אַתָּה

______________________ יהוה אֱלֹהֵינוּ

______________________ מֶלֶךְ הָעוֹלָם

______________________ זוֹכֵר הַבְּרִית [זכר]

______________________ וְנֶאֱמָן בִּבְרִיתוֹ בְּ+בְּרִית+וֹ [אמן]

______________________ וְקַיָּם בְּמַאֲמָרוֹ [אמר]= say [קים]

Discussion:

What is the difference between the rainbow בְּרָכָה you wrote and the one the rabbis chose?

Add [זכר], [אמר] and [אמן] to your dictionary.

CHAPTER 12
TELLING NOAH'S STORY

To understand the rainbow בְּרָכָה we have to go back to the Torah. It will explain much.

Put the Noah story in order.

People do many evil things.

It rains for 40 days and 40 nights.

Noah collects two of every animal.

The ark rests on Mount Ararat.

Noah is righteous.

Noah builds an ark.

These six steps tell most of the Noah story, except for the ending. Explain how the story ends: _____

FROM THE TORAH

Here is the actual ending of the Noah story. Read it. It will help you explain the rainbow בְּרָכָה.

God said to Noah and to his sons with him:
"As for Me, I now make my בְּרִית with you
and with your family after you
and with every living thing that was with you.
I will make my בְּרִית with you.

Never again will all life be wiped out
by the waters of a flood.
Never again will there be a flood
to destroy the earth."

Then God said:
"This is a sign of the בְּרִית
that I give between Me and you,
and with all the living things with you
for all generations to come.

I give my rainbow in the clouds
which will be the sign of the בְּרִית
between Me and the earth.

Whenever I cloud the sky with clouds—
whenever a rainbow appears in those clouds—
I will remember my בְּרִית.

Never again will waters become a flood
to destroy all life.
When the rainbow is in the clouds
I will look at it and remember my everlasting בְּרִית."

God said to Noah:
"That is the sign of the בְּרִית."

Genesis 9:8–17

Questions

1. Q: What is the connection between the rainbow בְּרָכָה and the story of Noah?

   A: _____

   _____

2. Q: What lesson is taught by this בְּרָכָה?

   A: _____

   _____

3. Q: What is a בְּרִית?
   A: A covenant or a promise between God and people.

4. Q: In the בְּרִית in the Noah story, what does God promise?
   A: God promises never to destroy the world by flooding again.

5. Q: In the rainbow בְּרָכָה, what do people promise?
   A: The answer is not really clear, but here are two good ideas:
      1. To live and act so that God has no reason to destroy the earth.
      2. To make sure that our actions do not lead to destroying the earth either.

6. Q: For what does this בְּרָכָה thank God?

   A: _____

   _____

7. Q: What does this בְּרָכָה teach us about our actions?

   A: _____

   _____

59

CHAPTER 13
צֶלֶם אֱלֹהִים

צֶלֶם - Image

In the first chapter of the Torah, when God creates people, we are told that they were created בְּצֶלֶם אֱלֹהִים.

In the Noah story, when God makes the covenant with Noah and his family, people are again reminded that they were created בְּצֶלֶם אֱלֹהִים.

The concept that people were created בְּצֶלֶם אֱלֹהִים is an important part of the lessons taught by every בְּרָכָה.

One lesson taught by every בְּרָכָה is that we need to thank God for everything which sustains us, helps us, and gives us pleasure.

The other lesson taught by בְּרָכוֹת is the בְּצֶלֶם אֱלֹהִים lesson:

When we put on new clothes, saying מַלְבִּישׁ עֲרֻמִּים teaches us to thank God for

____

To live up to בְּצֶלֶם אֱלֹהִים it should also teach us that to be like God we should

____

When we see a rainbow, the בְּרָכָה—זוֹכֵר בְּרִית—reminds us to thank God for

____

To live up to בְּצֶלֶם אֱלֹהִים it should also teach us that to be like God we should

____

In order to protect the world from being destroyed, three things I should do are:

____

____

____

Add צֶלֶם to your dictionary.

In the Midrash, the rabbis tell this story:

Once a rabbi went to Rome. When he arrived, he noticed two things. The first thing he saw were statues of Roman leaders (called Caesars) covered in expensive clothes to protect them from sun, rain, wind and other possible damage. The next minute, the rabbi saw poor people, dressed only in torn ragged clothing, begging for food.

The rabbi said, "Adonai, do You see? In this place, people protect a statue, built in the image of a person, while they ignore real people, created in Your image."

REVIEW

1. הַזָּן אֶת הַכֹּל   בָּרוּךְ אַתָּה   הַמּוֹצִיא לֶחֶם
2. יהוה אֱלֹהֵינוּ   בּוֹרֵא פְּרִי הַגָּפֶן   מֶלֶךְ הָעוֹלָם
3. מִן הָאָרֶץ   בּוֹרֵא מִינֵי מְזוֹנוֹת   לַזְּמַן הַזֶּה
4. שֶׁהַכֹּל נִהְיֶה בִּדְבָרוֹ   בּוֹרֵא פְּרִי הָאֲדָמָה
5. שֶׁהֶחֱיָנוּ וְקִיְּמָנוּ וְהִגִּיעָנוּ   מַלְבִּישׁ עֲרֻמִּים
6. בָּרוּךְ אַתָּה יהוה אֱלֹהֵינוּ מֶלֶךְ הָעוֹלָם
7. בּוֹרֵא פְּרִי הַגָּפֶן.
8. בָּרוּךְ אַתָּה יהוה אֱלֹהֵינוּ מֶלֶךְ הָעוֹלָם
9. הַמּוֹצִיא לֶחֶם מִן הָאָרֶץ.
10. בָּרוּךְ אַתָּה יהוה אֱלֹהֵינוּ מֶלֶךְ הָעוֹלָם
11. שֶׁהֶחֱיָנוּ וְקִיְּמָנוּ וְהִגִּיעָנוּ לַזְּמַן הַזֶּה.

CHAPTER 14

AROMA בְּרָכוֹת

The Rambam (Maimonides) wrote rules for saying aroma בְּרָכוֹת:

Just as a person is forbidden to eat or drink without first saying a בְּרָכָה, so it is forbidden to enjoy a nice smell without saying a בְּרָכָה.

PRACTICE

1. בּוֹרֵא מִינֵי בְשָׂמִים
2. בּוֹרֵא עֲצֵי בְשָׂמִים
3. בּוֹרֵא עִשְׂבֵי בְשָׂמִים.
4. הַנּוֹתֵן רֵיחַ טוֹב בַּפֵּירוֹת
5. בָּרוּךְ אַתָּה יהוה אֱלֹהֵינוּ מֶלֶךְ הָעוֹלָם בּוֹרֵא מִינֵי בְשָׂמִים.
6. בָּרוּךְ אַתָּה יהוה אֱלֹהֵינוּ מֶלֶךְ הָעוֹלָם בּוֹרֵא עֲצֵי בְשָׂמִים.
7. בָּרוּךְ אַתָּה יהוה אֱלֹהֵינוּ מֶלֶךְ הָעוֹלָם בּוֹרֵא עִשְׂבֵי בְשָׂמִים.
8. בָּרוּךְ אַתָּה יהוה אֱלֹהֵינוּ מֶלֶךְ הָעוֹלָם הַנּוֹתֵן רֵיחַ טוֹב בַּפֵּירוֹת.

AROMA בְּרָכוֹת

As they did with specific foods, the rabbis created several בְּרָכוֹת to say when smelling different aromas. Use these clues to help you translate these aroma בְּרָכוֹת.

[ברך] = ________	[ברא] = ________	עוֹלָם = ________
אַתָּה = ________	בְּשָׂמִים = smells	פֵּירוֹת = ________
יהוה = ________	מִינֵי = ________	[נתן] = gives
אֱלֹהֵינוּ = ________	עֵץ = ________	רֵיחַ = aroma
[מלך] = ________	עֵשֶׂב = grass	טוֹב = good

For fragrances:

בָּרוּךְ אַתָּה יהוה אֱלֹהֵינוּ מֶלֶךְ הָעוֹלָם בּוֹרֵא מִינֵי בְשָׂמִים.

____

____

For good-smelling woods:

בָּרוּךְ אַתָּה יהוה אֱלֹהֵינוּ מֶלֶךְ הָעוֹלָם בּוֹרֵא עֲצֵי בְשָׂמִים.

____

____

For grassy aromas:

בָּרוּךְ אַתָּה יהוה אֱלֹהֵינוּ מֶלֶךְ הָעוֹלָם בּוֹרֵא עִשְׂבֵי בְשָׂמִים.

____

____

For fruit smells:

בָּרוּךְ אַתָּה יהוה אֱלֹהֵינוּ מֶלֶךְ הָעוֹלָם הַנּוֹתֵן רֵיחַ טוֹב בַּפֵּירוֹת.

____

____

Add בְּשָׂמִים, עֵשֶׂב, רֵיחַ, and [נתן] to your dictionary.

BESTS

A friend of mine, four-year-old Aliyah, has a delightful way of expressing herself when she really likes something. She doesn't yet know the word "favorite" to mean that she likes something or someone more than all the rest. Instead, she calls the object or the person "my best." She has several "bests": Her "best boy" is her brother Erin; her "best baby sitter" is Shana (or Shana's sister Roni, depending on Aliyah's feeling at the moment).

Aliyah has taught me that her "best" is the finest, most outstanding thing for her at that moment. We all have "bests," just as Aliyah does. We often get a lot of enjoyment from remembering those special times connected to our "bests."

Think for a moment of your Jewish "bests." Try to remember the aromas or smells from those enjoyable times. Write three or four sentences describing your "best" Jewish aroma, and the special incident of which it reminds you.

_____

_____

_____

_____

_____

Write a בְּרָכָה for your favorite Jewish aroma. Use the בְּרָכָה formula, and other Hebrew words you know, then continue in English. Use the dictionary to help you.

_____

_____

CHAPTER 15

GOOD THINGS—BAD THINGS

Here are two new בְּרָכוֹת. One is the בְּרָכָה which is said while looking at amazingly beautiful people, trees, or fields. One is the בְּרָכָה said after seeing a very strange looking or ugly person or animal.

Use the clues to work out your best possible translation for each בְּרָכָה. Then, see if you can decide which is for beauty and which is for ugliness.

בְּרָכָה for ______________

בָּרוּךְ אַתָּה יהוה אֱלֹהֵינוּ מֶלֶךְ הָעוֹלָם

____

מְשַׁנֶּה ______________________________ (Makes different)

הַבְּרִיּוֹת. ______________________________ ה + [ברא]

בְּרָכָה for ______________

בָּרוּךְ אַתָּה יהוה אֱלֹהֵינוּ מֶלֶךְ הָעוֹלָם

____

שֶׁכָּכָה ______________________________ (That like this)

לוֹ ______________________________ לְ + הוּא

בְּעוֹלָמוֹ. ______________________________ בְּ + עוֹלָם + וֹ

שֶׁכָּכָה לוֹ בְּעוֹלָמוֹ is the בְּרָכָה which is said when one sees an exceptionally beautiful person, tree, or sight. What lesson does this בְּרָכָה teach? Why should we say it?

_____

_____

מְשַׁנֶּה הַבְּרִיּוֹת is the בְּרָכָה which is said when one sees an exceptionally strange looking person, tree, or sight. What lesson does this בְּרָכָה teach? Why should we say it?

_____

_____

A STORY FROM THE TALMUD

Once Rabbi Eleazer was coming from the house of his teacher. He was slowly riding by the riverside and was feeling happy because he had learned much Torah. All of a sudden he met a very ugly man who greeted him, "Peace be to you, Sir." Rabbi Eleazer did not return his greeting. Instead he said, "*Racca* (meaning: good for nothing), you are very ugly. Are all your fellow citizens as ugly as you are?"

The man answered, "I do not know, but go and tell the Craftsman who made me, 'You have made a very ugly vessel.'"

Rabbi Eleazer realized that he had done wrong. He dismounted and begged the man to forgive him. He said, "I am at your mercy, please forgive me."

The man answered, "I will not forgive you until you go to the Craftsman who made me and say. 'You have made a very ugly vessel.'"

Rabbi Eleazer walked behind the man until they reached the man's native city. The citizens of the city came out to greet them with the words, "Peace be to you, Teacher and Master."

The ugly man asked the citizens, "Whom are you welcoming with this honor?" They answered, "The man walking behind you."

The ugly man responded, "If this man is a great teacher, may there never be any other Jewish teachers like him."

The people asked him, "Why?" He told them what had happened. They said to him, "Nevertheless, forgive him, for he is a man greatly learned in Torah."

The man answered, "For your sake I will forgive him, but only if he promises never to act this way again."

For Discussion

1. Who was the Craftsman who made the ugly man?
2. How could a person who devoted his life to studying Torah be so cruel?
3. Rabbi Eleazer was considered to be a great man. Why did the Talmud include this negative story about him?

CHAPTER 16

בְּרָכוֹת מִצְוָה

At the bottom of the page are nine בְּרָכוֹת. Match as many of them as possible with the actions to which they are connected. Here are the nine actions.

1. Hearing a Shofar
2. Lighting a Ḫanukkah Menorah
3. Eating Matzah
4. Lighting Shabbat Candles
5. Hearing the Purim Megillah
6. Wearing a Tallit (with צִיצִית)
7. Being in a Sukkah
8. Lighting Festival Candles
9. Putting up a Mezuzah

___ בָּרוּךְ אַתָּה יהוה אֱלֹהֵינוּ מֶלֶךְ
הָעוֹלָם אֲשֶׁר קִדְּשָׁנוּ בְּמִצְוֹתָיו
וְצִוָּנוּ לִקְבֹּעַ מְזוּזָה.

___ בָּרוּךְ אַתָּה יהוה אֱלֹהֵינוּ מֶלֶךְ
הָעוֹלָם אֲשֶׁר קִדְּשָׁנוּ בְּמִצְוֹתָיו
וְצִוָּנוּ לֵישֵׁב בַּסֻּכָּה.

___ בָּרוּךְ אַתָּה יהוה אֱלֹהֵינוּ מֶלֶךְ
הָעוֹלָם אֲשֶׁר קִדְּשָׁנוּ בְּמִצְוֹתָיו
וְצִוָּנוּ לְהַדְלִיק נֵר שֶׁל חֲנֻכָּה.

___ בָּרוּךְ אַתָּה יהוה אֱלֹהֵינוּ מֶלֶךְ
הָעוֹלָם אֲשֶׁר קִדְּשָׁנוּ בְּמִצְוֹתָיו
וְצִוָּנוּ לִשְׁמוֹעַ קוֹל שׁוֹפָר.

___ בָּרוּךְ אַתָּה יהוה אֱלֹהֵינוּ מֶלֶךְ
הָעוֹלָם אֲשֶׁר קִדְּשָׁנוּ בְּמִצְוֹתָיו
וְצִוָּנוּ לְהַדְלִיק נֵר שֶׁל שַׁבָּת.

___ בָּרוּךְ אַתָּה יהוה אֱלֹהֵינוּ מֶלֶךְ
הָעוֹלָם אֲשֶׁר קִדְּשָׁנוּ בְּמִצְוֹתָיו
וְצִוָּנוּ לְהַדְלִיק נֵר שֶׁל יוֹם טוֹב.

___ בָּרוּךְ אַתָּה יהוה אֱלֹהֵינוּ מֶלֶךְ
הָעוֹלָם אֲשֶׁר קִדְּשָׁנוּ בְּמִצְוֹתָיו
וְצִוָּנוּ עַל אֲכִילַת מַצָּה.

___ בָּרוּךְ אַתָּה יהוה אֱלֹהֵינוּ מֶלֶךְ
הָעוֹלָם אֲשֶׁר קִדְּשָׁנוּ בְּמִצְוֹתָיו
וְצִוָּנוּ עַל מִקְרָא מְגִלָּה.

___ בָּרוּךְ אַתָּה יהוה אֱלֹהֵינוּ מֶלֶךְ
הָעוֹלָם אֲשֶׁר קִדְּשָׁנוּ בְּמִצְוֹתָיו
וְצִוָּנוּ עַל מִצְוַת צִיצִית.

1. All of these בְּרָכוֹת have an addition to the three-part formula we have studied. Underline that addition (in one בְּרָכָה).

2. What do all of these actions have in common? ______________________________

____

3. What is the purpose of this addition to the בְּרָכָה formula? ______________

____

[צוה]

All of the בְּרָכוֹת on the previous page are for actions which the Jewish tradition labels מִצְוֹת. The root of the word מִצְוָה is [צוה]. [צוה] means command.

The Torah gives a list of rules from God which the Jewish people are supposed to follow. It calls some of them מִצְוֹת. In the Mishnah and the Talmud, the rabbis explained and expanded these מִצְוֹת. They believed that all Jews are obligated to obey these commands.

Today, Orthodox Jews still follow that understanding. They believe that מִצְוֹת taught in the Talmud and the Torah should still be obeyed by every Jew.

Today, Conservative Jews believe that the observance of these מִצְוֹת can be adapted to meet the needs of modern Jews. They believe that the rabbis of today can explain and interpret how to follow the מִצְוֹת but that every Jew should still do them (though in a modern way).

Today, Reform Jews believe that the מִצְוֹת are Jewish opportunities. They believe that all Jews should choose to perform the מִצְוֹת which they think will make them better Jews and better people.

To make מִצְוֹת into religious actions, all Jews say a בְּרָכָה when performing a מִצְוָה. בִּרְכוֹת מִצְוָה share a special formula. The heart of this formula is the root [צוה].

 Add [צוה] to your dictionary.

צִוָּה

Circle the root [צוה] in each of these selections from the Siddur.

1. אַהֲבַת עוֹלָם בֵּית יִשְׂרָאֵל עַמְּךָ אָהָבְתָּ תּוֹרָה וּמִצְוֹת חֻקִּים וּמִשְׁפָּטִים אוֹתָנוּ לִמַּדְתָּ

2. וַיְדַבֵּר יהוה אֶל מֹשֶׁה לֵּאמֹר: צַו אֶת אַהֲרֹן וְאֶת בָּנָיו

3. וְהָאֵר עֵינֵינוּ בְּתוֹרָתֶךָ וְדַבֵּק לִבֵּנוּ בְּמִצְוֹתֶיךָ

4. וְהָיוּ הַדְּבָרִים הָאֵלֶּה אֲשֶׁר אָנֹכִי מְצַוְּךָ הַיּוֹם עַל לְבָבֶךָ

5. בָּרוּךְ אַתָּה יהוה אֱלֹהֵינוּ מֶלֶךְ הָעוֹלָם אֲשֶׁר קִדְּשָׁנוּ בְּמִצְוֹתָיו וְצִוָּנוּ לַעֲסֹק בְּדִבְרֵי תוֹרָה.

THE מִצְוָה FORMULA

Here is the formula used in בִּרְכוֹת מִצְוָה. This exercise will give you the chance to work out your own best translation. You already know all the roots—only the prefixes and suffixes make it a little difficult.

_____	בָּרוּךְ	[ברך]
_____	אַתָּה	
_____	יהוה	
_____	אֱלֹהֵינוּ	אֱלֹהִים + נוּ
_____	מֶלֶךְ	[מלך]
_____	הָעוֹלָם	הָ + עוֹלָם
_____	אֲשֶׁר	
_____	קִדְּשָׁנוּ	[קדש] + נוּ
_____	בְּמִצְוֹתָיו	בְּ + מִצְוֹת + וֹ
_____	וְצִוָּנוּ	וְ + [צוה] + נוּ

CHAPTER 17
THE מִצְוָה SYSTEM

Read this passage from the Talmud (*Makkot 31b*). It teaches a very interesting lesson about the מִצְוֹת.

Rabbi Simlai gave a sermon:

God taught Moses 613 מִצְוֹת

365 מִצְוֹת are negative (things which Jews are not supposed to do)

365 = the number of days in a year.

248 are positive (things which Jews are supposed to do)

248 = the number of bones in the human body.

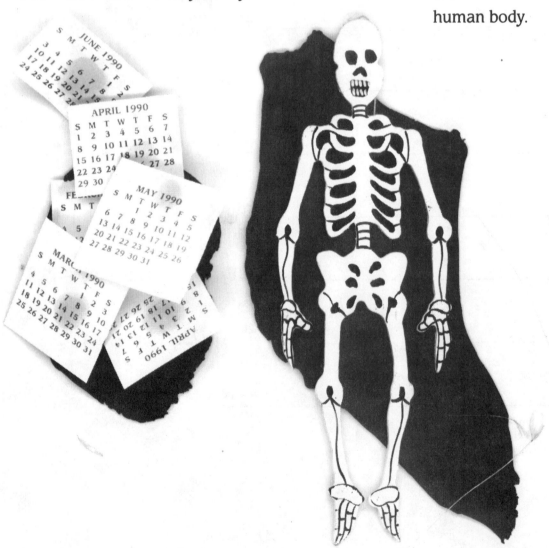

YOU FINISH THE SERMON

Q: Why is there one מִצְוָה for every day in the year?

A: There are 365 negative מִצְוֹת to teach us:

_____

_____

Q: Why is there one מִצְוָה for every bone in the human body?

A: There are 248 positive מִצְוֹת to teach us:

_____

_____

Here are two בְּרָכוֹת which are said when doing specific מִצְוֹת. Use the clues to work out your own best translation of each one. Then write down the action for which each בְּרָכָה is said.

בָּרוּךְ אַתָּה יהוה אֱלֹהֵינוּ מֶלֶךְ הָעוֹלָם אֲשֶׁר קִדְּשָׁנוּ בְּמִצְוֹתָיו וְצִוָּנוּ לַעֲסֹק בְּדִבְרֵי תוֹרָה.

[דבר] = word

[עסק] = engage in

_____

_____

Said for: _____

בָּרוּךְ אַתָּה יהוה אֱלֹהֵינוּ מֶלֶךְ הָעוֹלָם אֲשֶׁר קִדְּשָׁנוּ בְּמִצְוֹתָיו וְצִוָּנוּ לִקְבֹּעַ מְזוּזָה.

[קבע] = put in place

_____

_____

Said for: _____

For Discussion:
Why are these things מִצְוֹת?

Add [קבע] and [עסק] to your dictionary.

REVIEW

1. קִדְּשָׁנוּ נֵר מַצָּה שׁוֹפָר אֲשֶׁר

2. שֶׁל בְּמִצְוֹתָיו לְהַדְלִיק לִקְבּוֹעַ חֲנֻכָּה

3. מְזוּזָה וְצִוָּנוּ תוֹרָה יוֹם טוֹב

4. אֲשֶׁר קִדְּשָׁנוּ מִקְרָא מְגִילָּה לְהַדְלִיק נֵר

5. לִשְׁמֹעַ קוֹל שׁוֹפָר בְּמִצְוֹתָיו וְצִוָּנוּ לִקְבּוֹעַ מְזוּזָה

6. לַעֲסֹק בְּדִבְרֵי תוֹרָה לֵישֵׁב בַּסֻּכָּה עַל אֲכִילַת מַצָּה

7. בָּרוּךְ אַתָּה יהוה אֱלֹהֵינוּ מֶלֶךְ הָעוֹלָם אֲשֶׁר קִדְּשָׁנוּ בְּמִצְוֹתָיו וְצִוָּנוּ לְהַדְלִיק נֵר שֶׁל שַׁבָּת.

8. בָּרוּךְ אַתָּה יהוה אֱלֹהֵינוּ מֶלֶךְ הָעוֹלָם אֲשֶׁר קִדְּשָׁנוּ בְּמִצְוֹתָיו וְצִוָּנוּ לִשְׁמֹעַ קוֹל שׁוֹפָר.

9. בָּרוּךְ אַתָּה יהוה אֱלֹהֵינוּ מֶלֶךְ הָעוֹלָם אֲשֶׁר קִדְּשָׁנוּ בְּמִצְוֹתָיו וְצִוָּנוּ עַל אֲכִילַת מַצָּה.

10. בָּרוּךְ אַתָּה יהוה אֱלֹהֵינוּ מֶלֶךְ הָעוֹלָם אֲשֶׁר קִדְּשָׁנוּ בְּמִצְוֹתָיו וְצִוָּנוּ עַל מִקְרָא מְגִלָּה.

11. בָּרוּךְ אַתָּה יהוה אֱלֹהֵינוּ מֶלֶךְ הָעוֹלָם אֲשֶׁר קִדְּשָׁנוּ בְּמִצְוֹתָיו וְצִוָּנוּ לִקְבּוֹעַ מְזוּזָה.

CHAPTER 18

בִּרְכּוֹת תּוֹרָה

Just as we do when we eat, we say two בְּרָכוֹת when we read from the Torah: one before the reading and one after it. Food nourishes our bodies, giving us the "fuel" to live every day. Torah nourishes our souls, and fuels us to live the best possible Jewish lives.

RECITATION

1. בָּרְכוּ   הָעַמִּים   תּוֹרָתוֹ   נוֹתֵן   בָּחַר

2. אֱמֶת   חַיֵּי   בָּנוּ   בְּתוֹכֵנוּ   הַמְבֹרָךְ

3. נָטַע   נָתַן   בְּתוֹכֵנוּ

4. בָּרְכוּ אֶת יהוה הַמְבֹרָךְ   אֲשֶׁר בָּחַר בָּנוּ

5. וְנָתַן לָנוּ אֶת תּוֹרָתוֹ   אֲשֶׁר נָתַן לָנוּ תּוֹרַת אֱמֶת

6. בָּרוּךְ אַתָּה יהוה נוֹתֵן הַתּוֹרָה   וְחַיֵּי עוֹלָם נָטַע בְּתוֹכֵנוּ

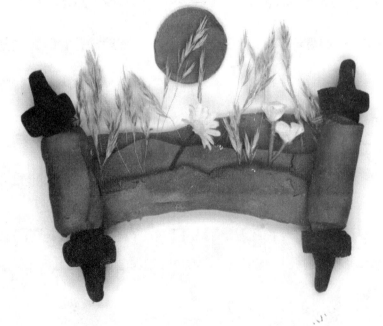

בְּרְכוֹת תּוֹרָה

Jews recite a בְּרָכָה before and after reading from the תּוֹרָה. You already know most of the words used here. Work out your own best translation.

Before reading the תּוֹרָה.

1.	______________________	בָּרְכוּ אֶת יהוה	[ברך]
2.	______________________	הַמְבֹרָךְ.	ה + [ברך]
3.	______________________	בָּרוּךְ יהוה הַמְבֹרָךְ	
4.	______________________	לְעוֹלָם וָעֶד.	וָעֶד = and more
5.	______________________	בָּרוּךְ אַתָּה יהוה	
6.	______________________	אֱלֹהֵינוּ מֶלֶךְ הָעוֹלָם	
7.	______________________	אֲשֶׁר	
8.	______________________	בָּחַר	[בחר] = choose
9.	______________________	בָּנוּ	בְּ + נוּ
10.	______________________	מִכָּל	כָּל = all + מִ = from
11.	______________________	הָעַמִּים	עַם = nation
12.	______________________	וְנָתַן	וְ + [נתן]
13.	______________________	לָנוּ	לְ + נוּ
14.	______________________	אֶת תּוֹרָתוֹ	תּוֹרָה+ וֹ
15.	______________________	בָּרוּךְ אַתָּה יהוה	
16.	______________________	נוֹתֵן הַתּוֹרָה.	

Add [בחר] and עַם to your dictionary.

After reading the תּוֹרָה.

1. _____ בָּרוּךְ אַתָּה יהוה

2. _____ אֱלֹהֵינוּ מֶלֶךְ הָעוֹלָם

3. _____ אֲשֶׁר נָתַן לָנוּ

4. _____ תּוֹרַת אֱמֶת   [אמת] = truth

5. _____ וְחַיֵּי עוֹלָם

6. _____ נָטַע   [נטע] = plant

7. _____ בְּתוֹכֵנוּ   in us

8. _____ בָּרוּךְ אַתָּה יהוה

9. _____ נוֹתֵן הַתּוֹרָה.

Add [אמת] and [נטע] to your dictionary.

80

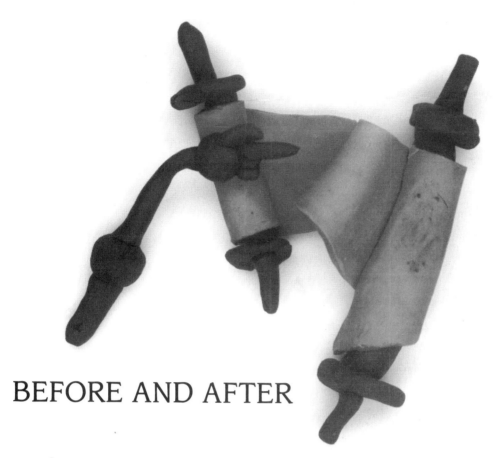

BEFORE AND AFTER

The תּוֹרָה only contains the מִצְוָה to say a בְּרָכָה after eating. (Remember the verse?) The rabbis added the idea of also saying בְּרָכוֹת before eating.

Most בְּרָכוֹת are said after a special experience, or while doing a מִצְוָה.

The rabbis compare reading the תּוֹרָה to eating. They created בְּרָכוֹת to be said before and after it.

How is reading תּוֹרָה like eating?

_____

_____

Why do you think it takes two בְּרָכוֹת?

_____

_____

Find the Change

Here is the traditional בְּרָכָה said before reading the תּוֹרָה.

בָּרוּךְ אַתָּה יהוה
אֱלֹהֵינוּ מֶלֶךְ הָעוֹלָם
אֲשֶׁר בָּחַר בָּנוּ מִכָּל הָעַמִּים
וְנָתַן לָנוּ אֶת תּוֹרָתוֹ.
בָּרוּךְ אַתָּה יהוה
נוֹתֵן הַתּוֹרָה.

Here is the Reconstructionist version of this בְּרָכָה. Find the words that they changed.

בָּרוּךְ אַתָּה יהוה
אֱלֹהֵינוּ מֶלֶךְ הָעוֹלָם
אֲשֶׁר קֵרְבָנוּ לַעֲבוֹדָתוֹ
וְנָתַן לָנוּ אֶת תּוֹרָתוֹ.
בָּרוּךְ אַתָּה יהוה
נוֹתֵן הַתּוֹרָה.

1. The words which were taken out are ____________________

   They mean ____________________

2. The words which were added are ____________________

   My teacher says that they mean ____________________

3. The idea which they took out of this בְּרָכָה is ____________________

   ____

4. According to my teacher, the basic idea of the Reconstructionist movement is

   ____

   ____

CHAPTER 18
קִדּוּשׁ

The קִדּוּשׁ is made up of two בְּרָכוֹת, and is said over wine at the start of Shabbat or a Festival. The first בְּרָכָה is בִּרְכַּת יַיִן which we learned earlier, and the second is a longer בְּרָכָה which talks about the holiness of the holiday.

RECITATION

1. בּוֹרֵא פְּרִי הַגָּפֶן   אֲשֶׁר קִדְּשָׁנוּ בְּמִצְוֹתָיו   מְקַדֵּשׁ הַשַּׁבָּת

2. מִכָּל הָעַמִּים   הִנְחַלְתָּנוּ   וְשַׁבַּת קָדְשׁוֹ

3. כִּי הוּא יוֹם תְּחִלָּה   וְשַׁבַּת קָדְשֶׁךָ   וְרָצָר בָנוּ

4. בְּאַהֲבָה וּבְרָצוֹן   לְמִקְרָאֵי קֹדֶשׁ   כִּי בָנוּ בָחַרְתָּ

5. זִכָּרוֹן לְמַעֲשֵׂה בְרֵאשִׁית   וְאוֹתָנוּ קִדַּשְׁתָּ

6. זֵכֶר לִיצִיאַת מִצְרָיִם   כִּי הוּא יוֹם תְּחִלָּה

7. כִּי בָנוּ בָחַרְתָּ וְאוֹתָנוּ קִדַּשְׁתָּ מִכָּל הָעַמִּים

8. אֲשֶׁר קִדְּשָׁנוּ בְּמִצְוֹתָיו וְרָצָה בָנוּ   זִכָּרוֹן לְמַעֲשֵׂה בְרֵאשִׁית

9. בָּרוּךְ אַתָּה יהוה מְקַדֵּשׁ הַשַּׁבָּת.

83

Early in this book we looked at בִּרְכַּת יַיִן (the wine בְּרָכָה), which is the first part of the קִדּוּשׁ. Here is the קִדּוּשׁ for עֶרֶב שַׁבָּת. Use the clues to work out your own best translation.

________________	בָּרוּךְ אַתָּה יהוה	1.	
________________	אֱלֹהֵינוּ מֶלֶךְ הָעוֹלָם	2.	
________________	בּוֹרֵא פְּרִי הַגָּפֶן.	3.	
________________	בָּרוּךְ אַתָּה יהוה	4.	
________________	אֱלֹהֵינוּ מֶלֶךְ הָעוֹלָם	5.	
________________	אֲשֶׁר קִדְּשָׁנוּ בְּמִצְוֹתָיו	6.	[קדש] [צוה]
________________	וְרָצָה בָנוּ	7.	[רצה] = want
________________	וְשַׁבַּת קָדְשׁוֹ	8.	
________________	בְּאַהֲבָה וּבְרָצוֹן	9.	[אהב] [רצה]
________________	הִנְחִילָנוּ	10.	[נחל] = inheritance
________________	זִכָּרוֹן	11.	[זכר]
________________	לְמַעֲשֵׂה בְרֵאשִׁית.	12.	[עשה]

Add [רצה], [אהב], [נחל], and [עשה] to your dictionary.

_____	כִּי הוּא יוֹם .13	הוּא = He יוֹם = day
_____	תְּחִלָּה .14	celebration
_____	לְמִקְרָאֵי קֹדֶשׁ .15	[קרא] = call
_____	זֵכֶר .16	
_____	לִיצִיאַת מִצְרָיִם .17	[יצא]
_____	כִּי בָנוּ בָחַרְתָּ .18	[בחר]
_____	וְאוֹתָנוּ קִדַּשְׁתָּ .19	אֶת + נוּ = אוֹתָנוּ
_____	מִכָּל הָעַמִּים .20	
_____	וְשַׁבַּת קָדְשְׁךָ .21	
_____	בְּאַהֲבָה וּבְרָצוֹן .22	
_____	הִנְחַלְתָּנוּ .23	[נחל]
_____	בָּרוּךְ אַתָּה יהוה .24	
_____	מְקַדֵּשׁ הַשַּׁבָּת. .25	

For Discussion: How did this בְּרָכָה grow out of the two sets of Ten Commandments? Why are these two בְּרָכוֹת (the בִּרְכַּת יַיִן and the long בְּרָכָה you have translated here), together, called the קִדּוּשׁ?

Add הוּא, יוֹם and [קרא] to your dictionary.

CHAPTER 20

בִּרְכַּת הַמָּזוֹן

At the beginning of this book, we looked at בִּרְכַּת הַמָּזוֹן, but you weren't ready to understand it. Now you are. Go to it. Use the clues to work out a translation.

______________________	בָּרוּךְ אַתָּה יהוה	1.	
______________________	אֱלֹהֵינוּ מֶלֶךְ הָעוֹלָם	2.	
______________________	הַזָּן אֶת הָעוֹלָם כֻּלּוֹ בְּטוּבוֹ	3.	
______________________	בְּחֵן וּבְחֶסֶד וּבְרַחֲמִים.	4.	[חן] = niceness [רחם] = mercy
______________________	הוּא נוֹתֵן לֶחֶם לְכָל בָּשָׂר	5.	
______________________	כִּי לְעוֹלָם חַסְדּוֹ	6.	
______________________	וּבְטוּבוֹ הַגָּדוֹל	7.	
______________________	תָּמִיד לֹא חָסַר לָנוּ	8.	תָּמִיד = always
______________________	וְאַל יֶחְסַר לָנוּ	9.	[חסר] = lack
______________________	מָזוֹן לְעוֹלָם וָעֶד	10.	
______________________	בַּעֲבוּר שְׁמוֹ הַגָּדוֹל.	11.	בַּעֲבוּר = on account שֵׁם = name
______________________	כִּי הוּא אֵל זָן וּמְפַרְנֵס לַכֹּל	12.	מְפַרְנֵס = provides
______________________	וּמֵטִיב לַכֹּל	13.	
______________________	וּמֵכִין מָזוֹן	14.	[מכן] = prepares
______________________	לְכָל בְּרִיּוֹתָיו אֲשֶׁר בָּרָא.	15.	
______________________	בָּרוּךְ אַתָּה יהוה	16.	
______________________	הַזָּן אֶת הַכֹּל.	17.	

Appendix 1

Rosh Ha-Shanah

When kindling festival lights:

בָּרוּךְ אַתָּה יהוה אֱלֹהֵינוּ מֶלֶךְ הָעוֹלָם אֲשֶׁר קִדְּשָׁנוּ בְּמִצְוֹתָיו
וְצִוָּנוּ לְהַדְלִיק נֵר שֶׁל יוֹם טוֹב.

When hearing the shofar:

בָּרוּךְ אַתָּה יהוה אֱלֹהֵינוּ מֶלֶךְ הָעוֹלָם אֲשֶׁר קִדְּשָׁנוּ בְּמִצְוֹתָיו
וְצִוָּנוּ לִשְׁמוֹעַ קוֹל שׁוֹפָר.

When eating apples and honey:

בָּרוּךְ אַתָּה יהוה אֱלֹהֵינוּ מֶלֶךְ הָעוֹלָם בּוֹרֵא פְּרִי הָעֵץ

וִיהִי רָצוֹן מִלְּפָנֶיךָ יהוה אֱלֹהֵינוּ וֵאלֹהֵי אֲבוֹתֵינוּ שֶׁתְּחַדֵּשׁ
עָלֵינוּ שָׁנָה טוֹבָה וּמְתוּקָה.

Appendix 2

Sukkot

When sitting in the sukkah:

בָּרוּךְ אַתָּה יהוה אֱלֹהֵינוּ מֶלֶךְ הָעוֹלָם אֲשֶׁר קִדְּשָׁנוּ בְּמִצְוֹתָיו
וְצִוָּנוּ לֵישֵׁב בַּסֻּכָּה.

When shaking the lulav:

בָּרוּךְ אַתָּה יהוה אֱלֹהֵינוּ מֶלֶךְ הָעוֹלָם אֲשֶׁר קִדְּשָׁנוּ בְּמִצְוֹתָיו
וְצִוָּנוּ עַל נְטִילַת לוּלָב.

בָּרוּךְ אַתָּה יהוה אֱלֹהֵינוּ מֶלֶךְ הָעוֹלָם שֶׁהֶחֱיָנוּ וְקִיְּמָנוּ וְהִגִּיעָנוּ
לַזְּמַן הַזֶּה.

Appendix 3

H̲anukkah

On kindling the festival lights:

בָּרוּךְ אַתָּה יהוה אֱלֹהֵינוּ מֶלֶךְ הָעוֹלָם אֲשֶׁר קִדְּשָׁנוּ בְּמִצְוֹתָיו
וְצִוָּנוּ לְהַדְלִיק נֵר שֶׁל חֲנֻכָּה.

בָּרוּךְ אַתָּה יהוה אֱלֹהֵינוּ מֶלֶךְ הָעוֹלָם שֶׁעָשָׂה נִסִּים לַאֲבוֹתֵינוּ
בַּיָּמִים הָהֵם בַּזְּמַן הַזֶּה.

בָּרוּךְ אַתָּה יהוה אֱלֹהֵינוּ מֶלֶךְ הָעוֹלָם שֶׁהֶחֱיָנוּ וְקִיְּמָנוּ וְהִגִּיעָנוּ
לַזְּמַן הַזֶּה.

Appendix 4

Purim

When hearing the Megillah:

בָּרוּךְ אַתָּה יהוה אֱלֹהֵינוּ מֶלֶךְ הָעוֹלָם אֲשֶׁר קִדְּשָׁנוּ בְּמִצְוֹתָיו
וְצִוָּנוּ עַל מִקְרָא מְגִלָּה.

בָּרוּךְ אַתָּה יהוה אֱלֹהֵינוּ מֶלֶךְ הָעוֹלָם שֶׁעָשָׂה נִסִּים לַאֲבוֹתֵינוּ
בַּיָּמִים הָהֵם בַּזְּמַן הַזֶּה.

בָּרוּךְ אַתָּה יהוה אֱלֹהֵינוּ מֶלֶךְ הָעוֹלָם שֶׁהֶחֱיָנוּ וְקִיְּמָנוּ וְהִגִּיעָנוּ
לַזְּמַן הַזֶּה.

Appendix 5

Pesah

The Four Questions

מַה נִּשְׁתַּנָּה הַלַּיְלָה הַזֶּה מִכָּל הַלֵּילוֹת!

שֶׁבְּכָל הַלֵּילוֹת אָנוּ אוֹכְלִין חָמֵץ וּמַצָּה הַלַּיְלָה הַזֶּה כֻּלּוֹ מַצָּה.

שֶׁבְּכָל הַלֵּילוֹת אָנוּ אוֹכְלִין שְׁאָר יְרָקוֹת הַלַּיְלָה הַזֶּה מָרוֹר.

שֶׁבְּכָל הַלֵּילוֹת אֵין אָנוּ מַטְבִּילִין אֲפִילוּ פַּעַם אֶחָת הַלַּיְלָה הַזֶּה שְׁתֵּי פְעָמִים.

שֶׁבְּכָל הַלֵּילוֹת אָנוּ אוֹכְלִין בֵּין יוֹשְׁבִין וּבֵין מְסֻבִּין הַלַּיְלָה הַזֶּה כֻּלָּנוּ מְסֻבִּין.

When eating the greens:

בָּרוּךְ אַתָּה יהוה אֱלֹהֵינוּ מֶלֶךְ הָעוֹלָם בּוֹרֵא פְּרִי הָאֲדָמָה.

When eating the maror:

בָּרוּךְ אַתָּה יהוה אֱלֹהֵינוּ מֶלֶךְ הָעוֹלָם אֲשֶׁר קִדְּשָׁנוּ בְּמִצְוֹתָיו וְצִוָּנוּ עַל אֲכִילַת מָרוֹר.

When eating the matzah:

בָּרוּךְ אַתָּה יהוה אֱלֹהֵינוּ מֶלֶךְ הָעוֹלָם הַמּוֹצִיא לֶחֶם מִן הָאָרֶץ.

בָּרוּךְ אַתָּה יהוה אֱלֹהֵינוּ מֶלֶךְ הָעוֹלָם אֲשֶׁר קִדְּשָׁנוּ בְּמִצְוֹתָיו וְצִוָּנוּ עַל אֲכִילַת מַצָּה.

Appendix 6

Shabbat

When kindling the Shabbat lights:

בָּרוּךְ אַתָּה יהוה אֱלֹהֵינוּ מֶלֶךְ הָעוֹלָם אֲשֶׁר קִדְּשָׁנוּ בְּמִצְוֹתָיו וְצִוָּנוּ
לְהַדְלִיק נֵר שֶׁל שַׁבָּת.

Before drinking the wine:

בָּרוּךְ אַתָּה יהוה אֱלֹהֵינוּ מֶלֶךְ הָעוֹלָם בּוֹרֵא פְּרִי הַגָּפֶן.
בָּרוּךְ אַתָּה יהוה אֱלֹהֵינוּ מֶלֶךְ הָעוֹלָם אֲשֶׁר קִדְּשָׁנוּ בְּמִצְוֹתָיו וְרָצָה
בָנוּ. וְשַׁבַּת קָדְשׁוֹ בְּאַהֲבָה וּבְרָצוֹן הִנְחִילָנוּ. זִכָּרוֹן לְמַעֲשֵׂה
בְרֵאשִׁית. כִּי הוּא יוֹם תְּחִלָּה לְמִקְרָאֵי קֹדֶשׁ זֵכֶר לִיצִיאַת מִצְרָיִם.
כִּי בָנוּ בָחַרְתָּ וְאוֹתָנוּ קִדַּשְׁתָּ מִכָּל הָעַמִּים. וְשַׁבַּת קָדְשְׁךָ בְּאַהֲבָה
וּבְרָצוֹן הִנְחַלְתָּנוּ. בָּרוּךְ אַתָּה יהוה מְקַדֵּשׁ הַשַּׁבָּת.

When eating the ḥallah:

בָּרוּךְ אַתָּה יהוה אֱלֹהֵינוּ מֶלֶךְ הָעוֹלָם הַמוֹצִיא לֶחֶם מִן הָאָרֶץ.

Appendix 7

Havdalah

When drinking the wine:

בָּרוּךְ אַתָּה יהוה אֱלֹהֵינוּ מֶלֶךְ הָעוֹלָם בּוֹרֵא פְּרִי הַגָּפֶן.

When smelling the spices:

בָּרוּךְ אַתָּה יהוה אֱלֹהֵינוּ מֶלֶךְ הָעוֹלָם בּוֹרֵא מִינֵי בְשָׂמִים.

When seeing the light:

בָּרוּךְ אַתָּה יהוה אֱלֹהֵינוּ מֶלֶךְ הָעוֹלָם בּוֹרֵא מְאוֹרֵי הָאֵשׁ

When dividing between Shabbat and the rest of the week:

בָּרוּךְ אַתָּה יהוה אֱלֹהֵינוּ מֶלֶךְ הָעוֹלָם הַמַּבְדִּיל בֵּין קֹדֶשׁ לְחֹל
בֵּין אוֹר לְחֹשֶׁךְ בֵּין יִשְׂרָאֵל לָעַמִּים בֵּין יוֹם הַשְּׁבִיעִי לְשֵׁשֶׁת
יְמֵי הַמַּעֲשֶׂה. בָּרוּךְ אַתָּה יהוה הַמַּבְדִּיל בֵּין קֹדֶשׁ לְחֹל.

MY DICTIONARY

ROOTS

_____ [אהב]		_____ [נגע]	
_____ [אכל]		_____ [נחל]	
_____ [אמן]		_____ [נטע]	
_____ [בחר]		_____ [נתן]	
_____ [ברא]		_____ [עסק]	
_____ [ברך]		_____ [עשה]	
_____ [דבר]		_____ [צוה]	
_____ [הוה]		_____ [קבע]	
_____ [זן]		_____ [קדש]	
_____ [חי]		_____ [קים]	
_____ [טוב]		_____ [קרא]	
_____ [יצא]		_____ [רצה]	
_____ [מלך]		_____ [שבע]	

WORDS

אֲדָמָה	________________	זְמַן	________________
אֲדֹנָי	________________	יהוה	________________
אֵל	________________	יְיָ	________________
אֱלֹהִים	________________	יוֹם	________________
אֱמֶת	________________	לֶחֶם	________________
אֲנַחְנוּ	________________	עוֹלָם	________________
אֶרֶץ	________________	עַם	________________
אֵת	________________	עֵץ	________________
אַתָּה	________________	עֵשֶׂב	________________
בְּרִית	________________	פְּרִי	________________
בְּשָׂמִים	________________	צֶלֶם	________________
הוּא	________________	רֵיחַ	________________
זֶה	________________	תּוֹרָה	________________

PREFIXES

_____ וְ _____ בְּ

_____ שֶׁ _____ הַ

SUFFIXES

_____ נוּ _____ וֹ